Shibuya
Hikarie

YEBISU
エビスビールあります。
リジナルビール第14弾】
金しゃち コラボレーション
Platinum
AND CRU
チナ グランクリュ
¥470(493)
ROGUE
MOCHA PORTER
320ml
¥630
ローグ
モカポーター
SAPPORO
Edelpils
お得なビアチケット
10杯分のお値段で
1杯分お得な11枚綴り
生は
¥680

発刊の想《おも》い。

これからの世代のみんなが、
日本中と交流をするためには、
「デザインの目線」がとても
重要になっていくと考えます。
それは、長く続いていくであろう
本質を持ったものを見極め、
わかりやすく、楽しく工夫を感じる創意です。
人口の多い都市が発信する
流行も含めたものではなく、
土着的でも、その中に秘められた「個性」——
それらを手がかりとして、
具体的にその土地へ行くための
「デザインの目線」を持った観光ガイドが今、
必要と考え、四七都道府県を一冊一冊、
同等に同じ項目で取材・編集し、
各号同程度のページ数で発刊していきます。

d design travel
発行人・編集長　ナガオカケンメイ

problems, we will point out the problems while recommending it.

- The businesses we recommend will not have editorial influence. Their only role in the publications will be fact checking.
- We will only pick up things deemed enduring from the "long life design" perspective.
- We will not enhance photographs by using special lenses. We will capture things as they are.
- We will maintain a relationship with the places and people we pick up after the publication of the guidebook in which they are featured.

Our selection criteria:

- The business or product is uniquely local.
- The business or product communicates an important local message.
- The business or product is operated or produced by local people.
- The product or services are reasonably priced.
- The business or product is innovatively designed.

Kenmei Nagaoka
Founder & Editor-in-Chief, d design travel

編集の考え方。

・必ず自費でまず利用すること。実際に泊まり、食事し、買って、確かめること。
・感動しないものは取り上げないこと。本音で、自分の言葉で書くこと。
・問題があっても、素晴らしければ、問題を指摘しながら薦めること。
・取材相手の原稿チェックは、事実確認だけにとどめること。
・ロングライフデザインの視点で、長く続くものだけを取り上げること。
・写真撮影は特殊レンズを使って誇張しない。ありのままを撮ること。
・取り上げた場所や人とは、発刊後も継続的に交流を持つこと。

取材対象選定の考え方。

・その土地らしいこと。
・その土地の大切なメッセージを伝えていること。
・その土地の人がやっていること。
・価格が手頃であること。
・デザインの工夫があること。

SIGHTS
その土地を知る
To know the region

CAFES
その土地でお茶をする
お酒を飲む
To have tea
To have a drink

RESTAURANTS
その土地で食事する
To eat

HOTELS
その土地に泊まる
To stay

SHOPS
その土地らしい買物
To buy regional goods

PEOPLE
その土地のキーマン
To meet key persons

A Few Thoughts Regarding the Publication of This Series

I believe that a "design perspective" will become extremely important for future generations, and indeed people of all generations, to interact with all areas of Japan. By "design perspective," I mean an imagination, which discerns what has substance and will endure, and allows users to easily understand and enjoy innovations. I feel that now, more than ever, a new kind of guidebook with a "design perspective" is needed. Therefore, we will publish a guide to each of Japan's 47 prefectures. The guidebooks will be composed, researched, and edited identically and be similar in volume.

Our editorial concept:

- Any business or product we recommend will first have been purchased or used at the researchers' own expense. That is to say, the writers have all actually spent the night in at the inns, eaten at the restaurants, and purchased the products they recommend.
- We will not recommend something unless it moves us. The recommendations will be written sincerely and in our own words.
- If something or some service is wonderful, but not without

東京の十二か月

12 months of TOKYO

浅草サンバカーニバル（浅草） 1981年から街おこしの一環としてスタートし、今や50万人もの人が集まる大イベント。（江川真弓さん／D&D東京会）写真提供:浅草サンバカーニバル実行委員会

日本フィルハーモニー交響楽団 夏休みコンサート（各地） ファミリーコンサートの先駆け。子供たちのためのプログラムはクラシック入門に最適。（空閑理／d design travel編集部）

目黒さんま祭り（目黒） 落語「目黒のさんま」にちなんで、目黒駅周辺でさんま数千匹が無料で振る舞われる。寄席も無料。（田中真唯子／d design travel編集部）写真提供:目黒区

デザインフェスタ（国際展示場） 1994年から東京国際展示場で始まった、アジア最大級の国際的アートイベント。（江川真弓さん／D&D東京会）

7 JULY　8 AUGUST　9 SEPTEMBER　10 OCTOBER　11 NOVEMBER　12 DECEMBER

入谷朝顔まつり（入谷） 言問通りに約120軒の朝顔業者と露店が並ぶ。花が閉じる前に、朝早く行くのがおすすめ。（中三川聖次さん／D&D東京会）

隅田川花火大会（浅草） 地元の人は、家の前にテーブルを出して花火鑑賞。浅草に住みたい！と思う瞬間。7月最終土曜開催。（伊藤裕子さん／D&D東京会）

日本民藝館展（駒場東大前） 出品基準は「用に即し、繰り返しつくり得る製品」。2000点余りの応募があり、入選・準入選作は誰でも購入可能。（空閑理／d design travel編集部）

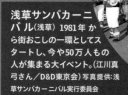

うそ替え神事（亀戸）　亀戸天神社で行われる。毎年奉納へ伺うと、幸運を招く「うそ鳥」がサイズ アップ。（鈴木理絵さん／D&D東京会）

日比谷オクトーバーフェスト（日比谷）　日比谷公園で開催されるビール祭り。ソーセージやジャーマンポテトなど、食べ物も充実。（田中真唯子／d design travel編集部）

六本木アートナイト（六本木）　六本木に集まるたくさんの人の熱気と、まちなかに突如現れるアートを一晩中楽しめるお祭り。（栗山千明／d47 design travel store）

アートフェア東京（有楽町）　数々のギャラリーが一堂に集まる国内最大級のアートフェア。dマークの小山登美夫ギャラリーも過去に参加。（空閑理／d design travel編集部）

1	2	3	4	5	6
JANUARY	FEBRUARY	MARCH	APRIL	MAY	JUNE

アースデイ東京（原宿）　4月22日「地球の日」に、代々木公園をメイン会場に開催される環境イベント。飲食店などが軒を連ね、ライブもある。（田中真唯子／d design travel編集部）

東京優駿（府中本町）　5月末か6月頭開催、通称「日本ダービー」。芝に風が吹き抜ける競馬場、この季節は最高に気持ちいい。賭けなくても入場可。（空閑理／d design travel編集部）

東京マラソン（都内各地）　東京都庁をスタートし、皇居、東京タワー、銀座、浅草などの市街地を約3万6千人が走る。（高橋恵子／D&DEPARTMENT PROJECT）

写真:©TOKYO MARATHON FOUNDATION

文化庁メディア芸術祭（乃木坂）　国立新美術館で開催。アート、エンターテインメント、アニメーション、マンガの4部門からなる入場無料のエキシビジョン。（田中真唯子／d design travel編集部）

写真:昨年度[第15回]文化庁メディア芸術祭受賞作品展の様子

1968年生まれのグラスウェア。

*1 d design travel 調べ（2017年3月時点）　*2 国土地理院ホームページより
*3 総務省統計局ホームページより（2017年3月時点）
*4 社団法人日本観光協会（編）「数字でみる観光」より（2015年度版）
※（ ）内の数字は全国平均値

*1 1 Figures complied by d design travel.（Data as of March 2017）　*2 Extracts from the website of Geographical Survey Institute, Ministry of Land, Infrastructure, Transport and Tourism.　*3 According to the website of the Statistics Bureau, Ministry of Internal Affairs and Communications.（Date as of March 2017）　*4 From Suuji de miru kanko, by Japan Travel and Tourism Association（2015 Edition）　※The value between the parentheses is the national average.

東京の数字
Numbers of Tokyo

美術館などの数[*1]（120）
Museums
Number of institutions registered under the Tokyo Prefecture Association of Museums

300

スターバックスコーヒーの数[*1]（26）
Starbucks Coffee Stores

302

歴代Gマーク受賞数[*1]（873）
Winners of the Good Design Award

17,717

経済産業大臣指定伝統的工芸品[*1]（4）
Traditional crafts designated by the Minister of Economy, Trade and Industry

16

本場黄八丈
東京銀器
江戸切子
江戸からかみ

Honba Kihachijo（Silk fabric）, Tokyo Ginki（Silverware）, Edo Kiriko（Glassware）, Edo Karakami（Japanese Paper）

JAPANブランド育成支援事業に採択されたプロジェクト[*1]（10）
Projects selected under the JAPAN BRAND program

42

日本建築家協会 東京都の登録会員数[*1]（84）
Registered members of the Japan Institute of Architects

1,345

日本グラフィックデザイナー協会東京都登録会員数[*1]（66）
Registered members of the Japan Graphic Designers Association Inc.

1,553

都庁所在地
Capital

東京都新宿区西新宿二丁目
Nishi-shinjuku 2-chome, Shinjuku-ku, Tokyo

市区町村の数[*1]（36）
Municipalities

62

人口[*3]（2,704,469）
Population

13,513,734 人

面積[*2]（8,041）
Area

2,191 ㎢

1年間観光者数[*4]（30,230,212）
Annual number of tourists

515,120,000 人

郷土料理
Local specialties

佃煮
ちゃんこ鍋
深川丼
くさや

Tsukudani（Small seafood, meat or seaweed simmered in soy sauce and mirin）,
Chanko-nabe（Sumo wrestlers' stew）,
Fukagawa-don（Clam miso soup over rice）,
Kusaya（Sun-dried fish with fermented fish sauce）

銭湯の数[*1]（91）
Sento（Pablic Baths）

602 軒

主な出身著名人（現市名、故人も含む）
Famous people from Tokyo

柳宗理（プロダクトデザイナー・渋谷区）、**荒木経惟**（写真家・台東区）、**岡崎京子**（漫画家・世田谷区）、**北野武**（映画監督・足立区）、**木村伊兵衛**（写真家・台東区）、**白洲正子**（随筆家・千代田区）、**立川談志**（落語家・文京区）、**宮崎駿**（映画監督・文京区）、**向田邦子**（脚本家・世田谷区）、**村上隆**（現代美術家・板橋区）

Sori Yanagi（Product designer, Shibuya）, **Nobuyoshi Araki**（Photographer, Taito）, **Kyoko Okazaki**（Manga artist, Setagaya）, **Takeshi Kitano**（Film director, Adachi）, **Ihei Kimura**（Photographer, Taito）, **Masako Shirasu**（Essayist, Chiyoda）, **Danshi Tatekawa**（Rakugo storyteller, Bunkyo）, **Hayao Miyazaki**（Film director, Bunkyo）, **Kuniko Mukoda**（Scriptwriter, Setagaya）, **Takashi Murakami**（Artist, Itabashi）

東京号 目次

CONTENTS

hokka
ハードビスケット
CIGAR
シガーフライ
昔からあるビスケット。

東京にある郷土色のある店

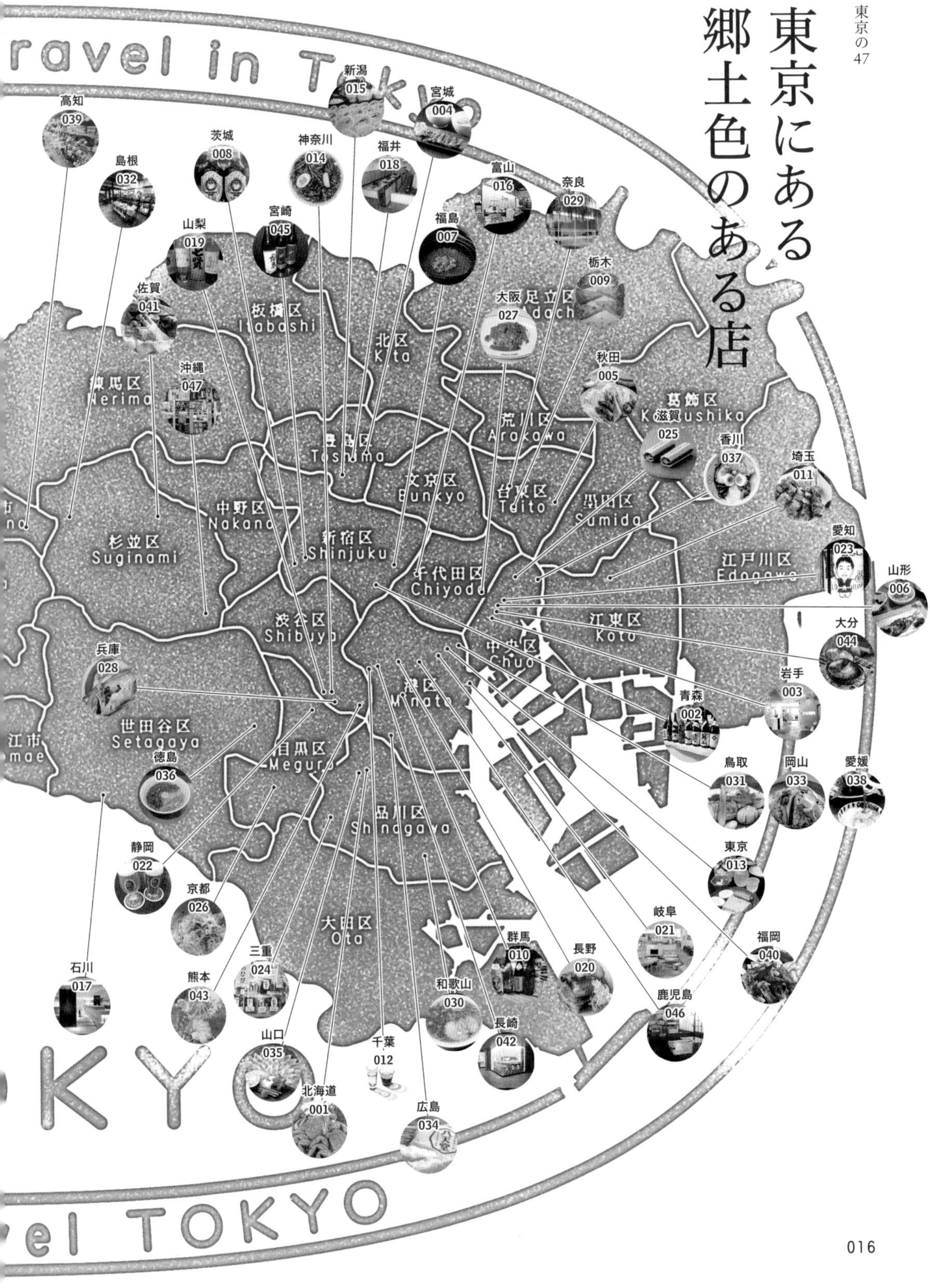

001 北海道 北のキッチン らがん 東京都品川区西五反田1-4-8 03-3495-1459
Lagan 1-4-8Nishigotanda, Shinagawa-ku, Tokyo

002 青森 青森居酒屋 りんごの花 東京都新宿区荒木町11-24 03-6380-6724 http://www.ringonohana.com/top.php
Ringo No Hana 11-24 Araki-cho,Shinjuku-ku, Tokyo

003 岩手 ぴょんぴょん舎 GINZA UNA 東京都中央区銀座3-2-15ギンザ･グラッセ11F 03-3535-3020 http://www.pyonpyonsya.co.jp
Ginza Una 11F, Ginza Glasse, 3-2-15 Ginza, Chuo-ku, Tokyo

004 宮城 伊達の牛たん本舗 宮城ふるさとプラザ店 東京都豊島区東池袋1-2-2東池ビル1F 宮城ふるさとプラザ内 03-5956-3584 http://www.dategyu.jp/
Date Ox Tongue Miyagi Furusato Plaza Miyagi Furusato Plaza, 1F, Higashiike Bldg., 1-2-2 Higashiikebukuro, Toshima-ku, Tokyo

005 秋田 秋田料理きりたんぽ 東京都国分寺市南町3-22-12 マーベラス国分寺II B1 042-323-1355 https://www.kokubunji-kiritanpo.jp/
Akita Ryouri Kiritanpo B1, Marvelous KOKUBUNJI II , 3-22-12 Minami-cho, Kokubunji, Tokyo

006 山形 郷土料理 おば古 東京都千代田区麹町1-8 03-3261-4686
Obako 1-8, Kouji-machi, Chiyoda-ku, Tokyo

007 福島 新橋炉ばたや 港区新橋3-26-3 所会計ビル1F 03-3574-9165 https://shinbashirobataya.com/
Aizu Akabeko 1F Tokoro Kaikei Bldg., 3-26-3 Shinbashi, Minato-ku, Tokyo

008 茨城 ビア&カフェ ベルク 東京都新宿区新宿3-38-1ルミネエスト B1F 03-3226-1288 http://www.berg.jp/
Berg B1F, Lumine Est, 3-38-1 Shinjuku, Shinjuku-ku, Toky

009 栃木 デリカショップ･オーベルジュ 音羽 ※閉店
Delica Shop Auberge Otowa ※Closed

010 群馬 創作料理店 白金このむ 東京都港区白金2-1-5 03-6408-0744 http://www.konomu.com/
Shirokane Konomu 2-1-5 Shirokane, Minato-ku, Tokyo

011 埼玉 やきとり ひびき庵 深川住吉駅店 東京都江東区住吉2-24-7 03-3633-3969 http://www.hibiki-food.jp/
Yakitori Hibikian Fukagawa Sumiyoshi Sta. Branch 2-24-7 Sumiyoshi, Koto-ku, Tokyo

012 千葉 スガハラショップ 青山 東京都港区北青山3-10-18 北青山本田ビル1F 03-5468-8131 http://www.sugahara.com/
Sghr Aoyama 1F, Kita Aoyama Honda Bldg., 3-10-18 Kitaoyama, Minato-ku, Tokyo

013 東京 東京名物おでん 新橋 お多幸 東京都港区新橋3-7-9 カワベビルB1F 03-3503-6076 http://www.shinbashi-otakou.com/
Shinbashi Otakou B1F Kawabe Bldg., 3-7-9 Shinbashi, Minato-ku, Tokyo

014 神奈川 YOKOHAMA中華そば かみ山 東京都世田谷区経堂5-29-21 フジビル1F https://x.com/kamiyama913?s=20
YOKOHAMA CHUKA SOBA KAMIYAMA 1F Fuji Bldg., 5-29-21 Kyoudou, Setagaya-ku, Tokyo

015 新潟 そば処 元屋 東京都文京区湯島2-31-17 03-6411-5034 http://www.tochio.net/motoya/
Soba Dokoro Motoya 2-31-17 Yushima, Bunkyo-ku, Tokyo

016 富山 越中富山 ささら屋 東京九段店 東京都千代田区九段南4-8-30 03-3261-6312 http://www.sasaraya-kakibei.com/
Sasara Tokyo Kudan Branch 4-8-30 Kudanminami, Chiyoda-ku, Tokyo

017 石川 SAKE SHOP 福光屋 玉川店 東京都世田谷区玉川3-17-1 玉川髙島屋S･C 南館B1F 03-5717-3305 http://www.fukumitsuya.co.jp/
SAKE SHOP FUKUMITSUYA TAMAGAWA B1F, Tamagawa Takashimaya SC, 3-17-1 Tamagawa, Setagaya-ku, Tokyo

018 福井 やきとりの名門 秋吉 池袋店 東京都豊島区西池袋3-30-4 K&Hビル1F 03-3982-0601 http://www.akiyoshi.co.jp/
Akiyoshi Ikebukuro Branch 1F, K&H Bldg., 3-30-4 Nishiikebukuro, Toshima-ku, Tokyo

019 山梨 食と酒 Sin榧 東京都渋谷区道玄坂2-17-3 SGビル2F 03-3461-7230
Sin Kaya 2F, SG Bldg., 2-17-3 Dogenzaka, Shibuya-ku, Tokyo

020 長野 神田 木花 東京都千代田区内神田3-5-3 矢萩第二ビル1F 03-3254-4533 https://www.kono-hana.com/
Boulangerie Asanoya Tokyo Midtown Branch 1F, Yahagi Daini Bldg., 3-5-3 Kanda, Chiyoda-ku, Tokyo

021 岐阜 飛騨の家具館 東京 東京都港区虎ノ門4-3-13 ヒューリック神谷町ビル1F 03-5425-6661 http://kitutuki.co.jp/
HIDA NO KAGUKAN TOKYO 1F, 4-3-13, Toranomon, Minato-ku, Tokyo

022 静岡 中目黒タップルーム 東京都目黒区上目黒2-1-3中目黒GTプラザ C2F 03-5768-3025 http://bairdbeer.com/ja/taproom/nakameguro-taproom
Nakameguro Taproom C2F, Nakameguro GTPlaza, 2-1-3 Kamimeguro, Meguro-ku, Tokyo

023 愛知 世界の山ちゃん 銀座京橋店 東京都中央区京橋3-3-13平和ビル3号 館B1F 03-3277-3650 https://www.yamachan.co.jp
Yamachang Ginza Kyobashi Branch B1F, 3-3-13 Kyobashi, Chuo-ku, Tokyo

024 三重 伊勢物産（有）とよはら 東京都品川区荏原3-3-21 03-5750-1705 http://foodpia.geocities.jp/isebussan_toyohara/
Toyohara 3-3-21 Ebara, Shinagawa-ku, Tokyo

025 滋賀 たねや日本橋三越本店 東京都中央区日本橋室町1-4-1 日本橋三越本店B1F 03-3241-3311 http://taneya.jp/
Taneya Nihonbashi Mitsukoshi B1F, Nihonbashi Mitsukoshi, 1-4-1 Nihonbashimuro-machi, Chuo-ku, Tokyo

026 京都 時代家 旬 本店 東京都目黒区自由が丘1-12-4 MKビル 3F 03-5731-6788 https://negiya.yo-plus.jp
Jidaiya Shun 3F, MK Bldg., 1-12-4 Jiyu-gaoka, Meguro-ku, Tokyo

027 大阪 インデアンカレー 東京丸の内店 東京都千代田区丸の内2-7-3 東京ビル TOKIA B1F 03-3216-2336 http://www.indiancurry.jp/
Indian Curry Tokyo Marunouchi Branch B1F, Tokyo Bldg Tokia, 2-7-3 Marunouchi, Chiyoda-ku, Tokyo

028 兵庫 渋谷 あわじや ※閉店
Shibuya Awajiya ※Closed

029 奈良 東京国立博物館 法隆寺宝物館 東京都台東区上野公園13-9 03-5777-8600 http://www.tnm.jp/
Tokyo National Museum The Gallery of Horyuji Treasures 13-9 Ueno Park, Taito-ku, Tokyo

030 和歌山 のりや食堂 東京都品川区東大井5-19-9 03-3474-8953
Noriya 5-19-9 Higashiooi, Shinagawa-ku, Tokyo

031 鳥取 浅草永見 東京都台東区浅草4-43-6 1F 03-6240-6280 https://asakusanagami.jp/
Asakusa Nagami 1F, 4-43-6 Asakusa, Taitou-ku, Tokyo

032 島根 りげんどう 東京都杉並区松庵3-38-20 03-5941-8664 http://www.re-gendo.jp/
Re:gendo 3-38-20 Shouan, Suginami-ku, Tokyo

033 岡山 美苑鮨 東京都世田谷区北沢3-1-20 1F 080-5450-3838 http://misonosushi.tokyo/
Misonosushi 1F 3-1-20 Kitazawa, Setagaya-ku, Tokyo

034 広島 八天堂 エキュート品川サウス店 東京都港区高輪3 品川駅中央改札内 エキュート品川サウス 03-5421-8026 http://www.hattendo.jp/
Hattendo Shinagawa Station Branch Ecute Shinagawa South, 3 Takanawa, Minato-ku, Tokyo

035 山口 下関春帆楼 東京店 東京都千代田区平河町2-7 平河町共済ビル 9JA 03-5211-2941 https://www.shunpanro.com/
Shunpanro Tokyo 9JA Hirakawa-cho Kyosai Bldg., 2-7 Hirakawa-cho, Chiyoda-ku, Tokyo

036 徳島 NOODLE&BAR SANCHA FUKAMI 東京都世田谷区太子堂3-14-8 03-5787-8376 http://ameblo.jp/sancha-fukami/
Noodle&Bar Sancha Fukami 3-14-8 Taishido, Setagaya-ku, Tokyo

037 香川 谷や 東京都中央区日本橋人形町2-15-17 1F 03-5695-3060 https://udontaniya.wixsite.com/website
Taniya 1F, 2-15-17 Ningyo-cho, Nihonbashi, Chuo-ku, Tokyo

038 愛媛 香川･愛媛 せとうち旬彩館 東京都港区新橋2-19-10 03-3574-7792 http://www.setouchi-shunsaikan.com/Kagawa
Ehime Setouchi Shun Sai Kan Shinbashi Marine Bldg., 2-19-10 Shinbashi, Minato-ku, Tokyo

039 高知 高知屋 ※閉店
Kochiya ※Closed

040 福岡 博多･中州 國廣 芝大門店 東京都港区芝大門2-6-10 2F 03-3437-2242 http://www.kunihiro.net/shiba/
Kunihiro Shibadaimon Branch 2F, 2-6-10 Shibadaimon, Minato-ku, Tokyo

041 佐賀 佐賀 雑穀 東京都渋谷区宇田川町31-4 しのだビル7F 03-3464-8416 https://ggzn500.gorp.jp/
Saga Zakkoku 7F, Shinoda Bldg., 31-4 Udagawa-cho, Shibuya-ku, Tokyo

042 長崎 HAKUSAN SHOP 東京都港区南青山5-3-10 フロムファースト Gフロア 03-5774-8850 https://www.hakusan-shop-online.com
HAKUSAN SHOP 1F, From 1st, 5-3-10 Minamiaoyama, Minato-ku, Tokyo

043 熊本 馬ん家 恵比寿店 ※閉店
Bun Kar Ebisu Branch ※Closed

044 大分 坐来 大分 東京都千代田区有楽町2-2-3 ヒューリックスクエア東京3F 03-6264-6650 https://zarai.jp
Zarai Oita 3F Hulic Square, 2-2-3 Yuraku-cho, Chiyoda-ku, Tokyo

045 宮崎 居酒屋 みやこんじょ 東京都新宿区歌舞伎町1-12-9 タテハナビルB1 03-3232-1234 http://www.miyakonjo.co.jp/
Miyakonjo B1F, Tatehana Bldg., 1-12-9 Kabuki-cho, Shinjuku-ku, Tokyo

046 鹿児島 薩摩おこじょ 東京都港区六本木3-13-3 第5六本木ビレッジ1F 03-3403-9399 **Satsuma Okojo** 1F, 3-13-3 Roppongi, Minato-ku, Tokyo

047 沖縄 沖縄酒場 SABANI 東京都杉並区和泉1-3-15 沖縄タウン大都市場内 03-3322-0382 http://twitter.com/#!/SABANI382Sabani
Sabani 1-3-15 Izumi, Suginami-ku, Tokyo

東京で食べられる世界の本格料理

020 英国｜オールデイイングリッシュ ブレックファースト ザ・ライジング・サン ⚲東京都新宿区四谷1-9-3 新盛ビル2F ☎03-3353-8842 ⌂http://www.thesun.jp/

021 オーストリア｜アインシュペンナー（ホット） カフェ ラントマン 青山店 ⚲東京都港区北青山3-11-7 AOビル4F ☎03-3498-2061 ⌂http://www.giraud.co.jp/landtmann/

022 ギリシャ｜サガナキチーズ THE APOLLO ⚲東京都中央区銀座5-2-1 東急プラザ銀座 11F ☎03-6264-5220 ⌂http://theapollo.jp/

023 グルジア｜ハチャプリ カフェ ロシア ⚲東京都武蔵野市吉祥寺本町1-4-10 B1 ☎0422-23-3200 ⌂http://caferussia.web.fc2.com/

024 スイス｜ラクレットチーズ 東京スイスイン ⚲東京都港区東麻布1-3-7 麻布台サマリアマンションB1F ☎03-3588-8708

025 スウェーデン｜仔鹿のロースト スウェーデン風スパイシーミートボール、リンゴンベリー添え アルトゴット ⚲東京都武蔵野市吉祥寺本町2-28-1 シバタビル2F ☎0422-21-2338

026 スペイン｜魚介のパエリア スペイン料理エル・ペスカドール ⚲東京都目黒区自由が丘1-13-4 UIW11自由が丘ビル ☎03-3723-8471

027 チェコ｜ビール煮込みのグラーシュ だあしゑんか ⚲東京都新宿区舟町5-25 Tsi舟町ビル B1F ☎03-5269-6151 ⌂http://dasenka.jpn.org/bar/

028 デンマーク｜チキンオバジン ミートボールのクリームソース 北欧料理リラ・ダーラナ ⚲東京都港区六本木6-2-7 ダイカンビル2F ☎03-3478-4690 ⌂http://dalarna.jp/

029 ノルウェー｜ヤンソンスフレステルセ"ポテトとアンチョビのグラタン 北欧料理リラ・ダーラナ ⚲東京都港区六本木6-2-7 ダイカンビル 2F ☎03-3478-4690 ⌂http://dalarna.jp/

030 フランス｜ランチセットA ル・ジャルダン ⚲東京都世田谷区砧公園1-2 ☎03-3415-6415 ⌂https://www.setagaya.co.jp/le_jardin

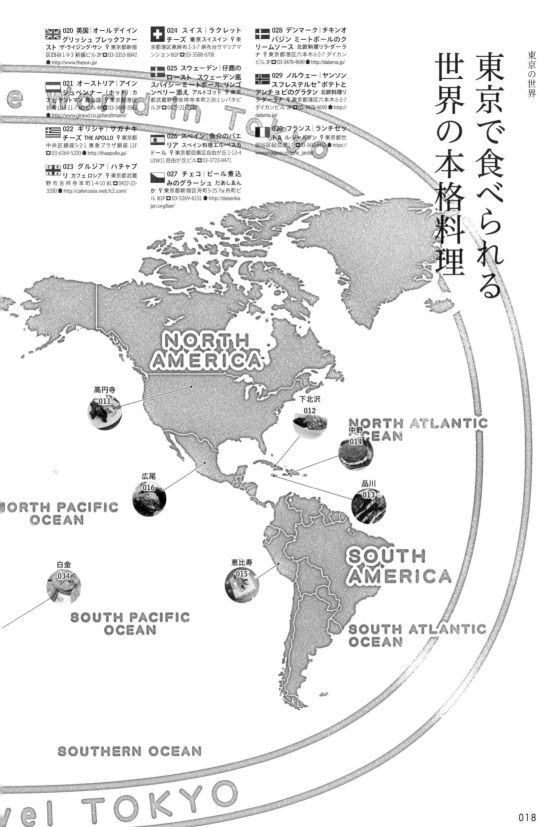

001 インド｜タンドリーミックスグリル インド料理マハラジャ 丸の内店 ⚲東京都千代田区丸の内2-1-1明治安田生命ビルB2-205 ☎03-5221-8271 ☗http://www.maharaja-group.com/

002 シンガポール｜チキンライス シンガポール料理 海南鶏飯 汐留店 ⚲東京都港区東新橋1-5-2汐留シティーセンターB1F ☎03-5537-5799 ☗http://www.hainanchifan.com/hainanchifan/

003 スリランカ｜コットロティ エスニック スリランカレストラン セイロン イン ⚲東京都目黒区上目黒2-7-8 ☎03-3716-0440 ☗http://www.ceylon-inn.com/

004 中華人民共和国｜蛤の甘辛炒め 上海小吃 ⚲東京都新宿区歌舞伎町1-3-10 ☎03-3232-5909 ☗http://shanghai-xiaochi.com/

005 ネパール｜モモ アジアン系イタリアンダイニングバー マンディール ⚲東京都港区芝浦1-2-2シーバンズ・アモール2F ☎03-3455-2994

006 ブルネイ｜サンバルプタイ ラサ マレーシア ⚲東京都中央区銀座3-3-6 ☎03-6263-2381 ☗https://rasamalaysiacuisine-ginza.owst.jp/

007 ベトナム｜フォー 亜細亜食堂サイゴン上町店 ⚲東京都世田谷区世田谷3-3-5 ☎03-3420-5581 ☗http://saigon818.com/

008 マレーシア｜ナシゴレン ペナン レストラン ⚲東京都港区芝2-4-16加藤ビル1F ☎03-3456-3239 ☗https://www.penang-restaurant.com/

009 モンゴル｜シリンゴルサンド シリンゴル ⚲東京都文京区千石4-11-9 ☎03-5978-3837 ☗http://shilingol.web.fc2.com/

010 ラオス｜カオニャオ ラオ・タイ食堂 ランサーン ⚲東京都武蔵野市吉祥寺本町1-32-9モトハシビル202 ☎0422-21-8412

011 アメリカ合衆国｜BBQスペアリブ エル パト ⚲東京都杉並区高円寺北2-22-10 ☎03-6795-7888 ☗http://elpato.jp/

012 キューバ｜キューバンセット バーボテギータ下北沢 ⚲東京都世田谷区代沢5-6-14前田ビルB1 ☎03-5432-9785 ☗http://bodeguita.web.fc2.com/

013 ジャマイカ｜ジャークチキン JERK CHICKEN HOUSE “AM-A-LAB” ⚲東京都品川区小山3-24-14 ☎03-3787-3606 ☗https://am-a-lab.jimdofree.com/

014 ハイチ｜ドライカレー カフェハイチ ⚲東京都中野区中野3-15-8 ☎03-6454-1512 ☗http://www.cafehaiti.co.jp/

015 ペルー｜カウサ・レジェーナ ペポカ ⚲東京都渋谷区神宮前2-17-6 ☎03-6804-1377 ☗https://www.tablecheck.com/shops/bepocah/reserve

016 メキシコ｜鶏肉のモレポブラーノ サルシータ ⚲東京都港区南麻布4-5-65 広尾アーバンビルB1F ☎03-3280-1145 ☗http://www.salsita-tokyo.com/

017 イタリア｜タリアテッレ mondo ⚲東京都目黒区自由が丘3-13-11 ☎03-3725-6292 ☗http://ristorante-mondo.com/

018 ウクライナ｜ゴルブッツィ スンガリー 新宿東口本店 ⚲東京都新宿区歌舞伎町2-45-6 千代田ビルB1 ☎03-3209-4937 ☗http://www.sungari.jp

019 ウズベキスタン｜プロフ Vatanim-ヴァタニム ⚲東京都中野区新井1-36-9 ☎03-6454-0689 ☗https://www.instagram.com/vatanim_restaurant_halal/

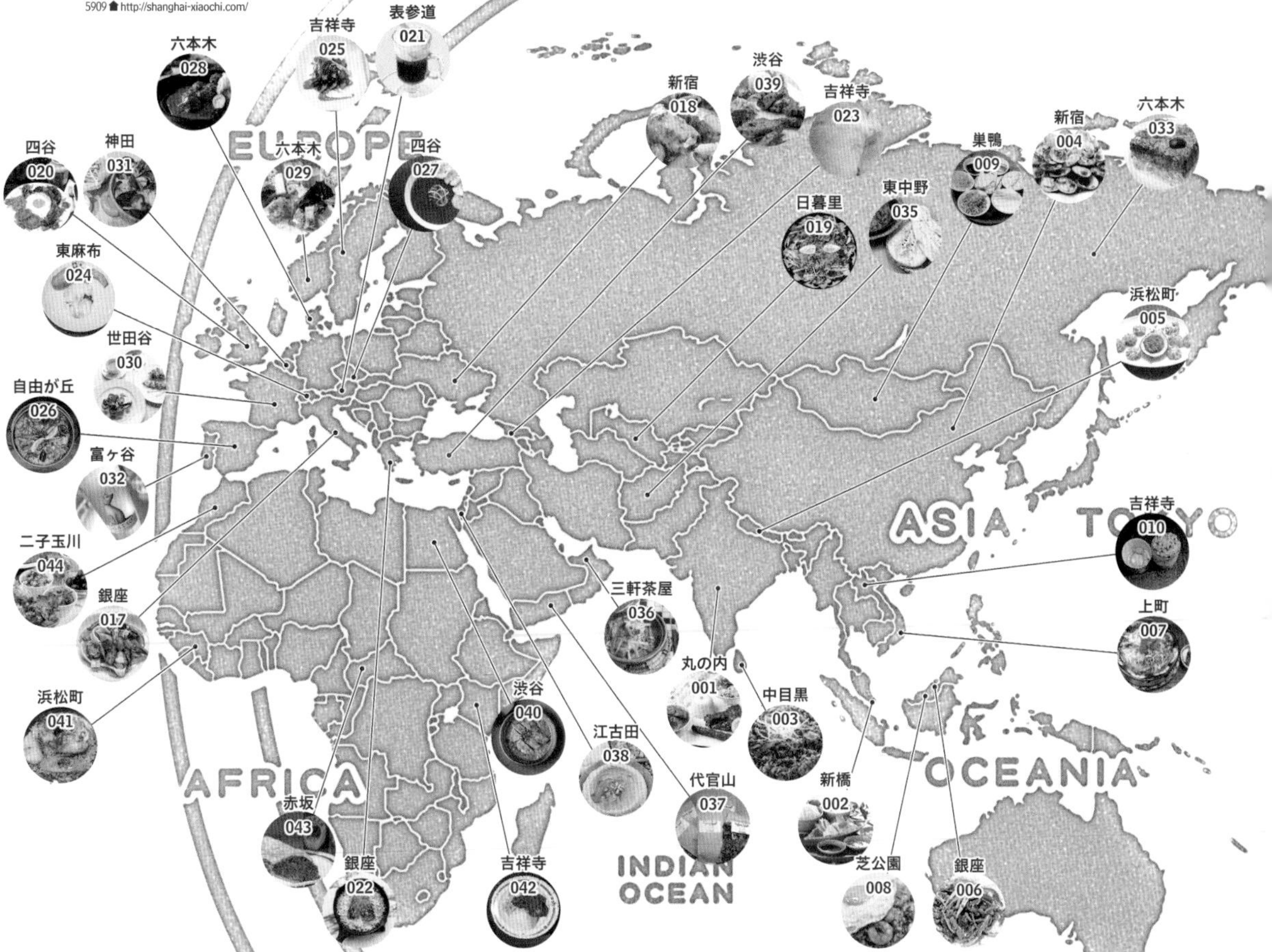

031 ベルギー｜ムール&フリッツ シャン・ドゥ・ソレイユ ⚲東京都千代田区内神田1-10-6一世会館ビル ☎03-5281-0333 ☗https://www.champdesoleil.com

032 ポルトガル｜コジートアラポルトゲーザ ⚲東京都渋谷区富ヶ谷1-51-10 ☎03-5790-0909 ☗http://www.cristianos.jp/

033 ロシア｜ロシアの水餃子「ペリメニ」サワークリームソース 六本木バイカル ⚲東京都港区六本木4-12-7RBビル3F ☎03-5770-7742

034 ニュージーランド｜ステーキパイ キウイキッチン ⚲東京都港区白金6-16-22 ☎03-3442-2210 ☗http://www.kiwikitchen.com/japanese/

035 アフガニスタン｜パシュトゥンカラヒィ キャラヴァンサライ ⚲東京都中野区東中野2-25-6 1F ☎03-3371-3750

036 アラブ首長国連邦｜タジン ダール・ロワゾー ⚲東京都世田谷区三軒茶屋2-13-17エコー仲見世商店街内 ☎03-3418-8603 ☗http://roiseau.blogspot.jp/

037 イエメン｜モカコーヒー モカ コーヒー 代官山 ⚲東京都渋谷区猿楽町25-1エディ代官山1F ☎03-6427-8285 ☗http://www.mochacoffee.jp

038 イスラエル｜ひよこ豆のペースト（フムス） シャマイム ⚲東京都練馬区栄町4-11アートビル2F ☎03-3948-5333 ☗http://shamaimtokyo.com/

039 トルコ｜カルシュックウズガラ トルコアズ ⚲東京都豊島区西池袋3-27-15 ☎03-3985-0736 ☗https://turkuaz-ikebukuro.com/

040 エジプト｜モロヘイヤとチキンのエジプシャンタジン CARVAAN TOKYO ⚲東京都渋谷区渋谷2-24-12 渋谷スクランブルスクエア 12F ☎03-6451-1772 ☗https://carvaan.jp/shop/tokyo-shibuya/

041 ギニア｜チェブジェン アフリカンレストラン・カラバッシュ ⚲東京都港区浜松町2-10-1浜松町ビルB1F ☎03-3433-0884 ☗http://www.calabash.co.jp/

042 ケニア｜チキントマトココナッツ煮ソースとウガリ アフリカ大陸 ⚲東京都武蔵野市吉祥寺南町2-13-4オフィスワンB103 ☎0422-49-7302 ☗http://www.yashizake.com/

043 中央アフリカ｜ビーンズサンブーサ アフリカ料理サファリ ⚲東京都港区赤坂3-13-1ベルズ赤坂 2F ☎03-5571-5854

044 モロッコ｜タパスの盛り合わせ ル・マグレブ ⚲東京都世田谷区玉川3-10-11 ☎03-3709-2664 ☗http://lemaghreb.jp/

鏡味仙三郎社中
昭和のいる こいる
翁家和楽社中
笑組
ホームラン
東京ガールズ
マギー隆司
柳家紫文
林家ペー
柳家さん八
柳家一朝
柳家〆治
古今亭菊丸
初音家左橋
春風亭勢朝
三遊亭窓輝
古今亭菊志ん
柳家甚語楼
三遊亭歌武蔵
桂扇生
柳家喜多八
林家鉄平
柳家権太楼

+サラダ、スープ、ライスorパン

カレーライス	1250
ビーフステーキ	1400

soup スープ

トマトスープ	350
ビシソワーズ	350
パンプキンポタージュ	350
あさりとガーリック	350
のりスープ	350
タラモスープ	450

salad サラダ

コールスロー	200
フレッシュリーフサラダ	650
スパイシーチキンサラダ	650
チャーシューサラダ	750
ブロック野菜	850

egg エッグ

プレーンオムレツ	500
きのこオムレツ	750
ミックスオムレツ	800

seafood 魚介

サーモンとろの刺身	650
鯛と鮪のフレッシュ	800
ムール貝を蒸しただけ	850
殻つきエビのオーブン焼き	900
ホタテとエビのチーズグラタン	1000
サーモンステーキ サラダ添え	1050
カジキマグロのグリル	1100
鯛のグリルラタトゥイユ	1150
マグロのレアステーキ	1150

meat ミート

蒸し鳥オリエンタル		700
テリーヌ		750
ハンバーグ		850
キノコとナッツのハンバーグ		950
プロシュート（生ハム）		1050
スモークミートのオーブン焼		1050
グリルチキンとゴルゴンゾーラ		1050
グリルチキンガーリックソース		1000
地鶏のポトフ		1500
豚バラ肉の屋台焼き		1050
ビーフシチュー		1050
厚切り牛舌ステーキ		1300
ビーフステーキ	120g	1000
	150g	1250
	180g	1450

クレジットカード会計できます。

rice ライス

5種きのこのピラフ	800
チキンライス	800
ハヤシライス	850
シーフードピラフ	950
ビーフピラフ	1050
オムライス	1050
えびとかにのチャーハン	1100
ライス　S・M・L	200

aperitif 食前酒

シェリー・梅酒		400

wine

ワイン（赤/白）	GLASS	500~
	BOTTLE	2800~

sparkling wine

スパークリングワイン	GLASS	600~
	BOTTLE	3600~

champagne

シャンパン	BOTTLE	7800~

dessert wine

デザートワイン	GLASS	550

vermouth

ノイリープラット DRY / SWEET	GLASS	500

beer ビール

キリンブラウマイスタードラフト	500
ハイネケン	600
レモンビール	800
レーベンブロイ （ノンアルコールビール）	550

COCKTAIL カクテル各種	600～
FROZEN フローズン	900～

5-18-7 KOMAZAWA
SETAGAYA-Ku TOKYO
TEL.03-3704-9880
OPEN.AM9:00-AM4:00
www.heads-west.com

東京の食堂
Bowery Kitchen

pastas パス

きゃべつとソーセージのペペロンチーノ	7
5種きのこのパスタ	7
トマトソースのパスタ	7
あさりのジェノヴェーゼパスタ	8
冷たいパスタ	8
冷たいペペロンチーノ	8
生ハムとほうれん草のパスタ	9
栗とゴルゴンゾーラペンネ	9
ミートソースフィズィリ	9
冷たい魚介マリネのパスタ	10

pizza ピッ

プレーン	7
アンチョビオリーブ	8
サラダ	9
マッシュルーム	9
スモークミートとベジタブル	9
はちみつゴルゴンゾーラ	11

sandwiche & bread ブレ

フレンチトースト	5
エッグ&バジルサンド	6
ローストチキンオープンサンド	7
テリーヌサンド	7
ビーフハンバーガー	10
ガーリックトースト	3
パン	3

flapjacks or waffle パンケーキ・ワッ

プレーン	6
フルーツ	8
チョコ&ナッツ	8
スモークミート	8

dessert デザー

シューバワリー	3
＋アイス	
＋ベリー	
オレンジのババロア	3
くずきりメイプルシロップ	4
ジェラード&エスプレッソ	5
今日のシフォンケーキ	
今日のタルト	

TO G
すべてのお料理・デザートTAKE OUTでき

近隣住民のご迷惑になります
マンション敷地立ち

d MARK REVIEW TOKYO TRAVEL MAP

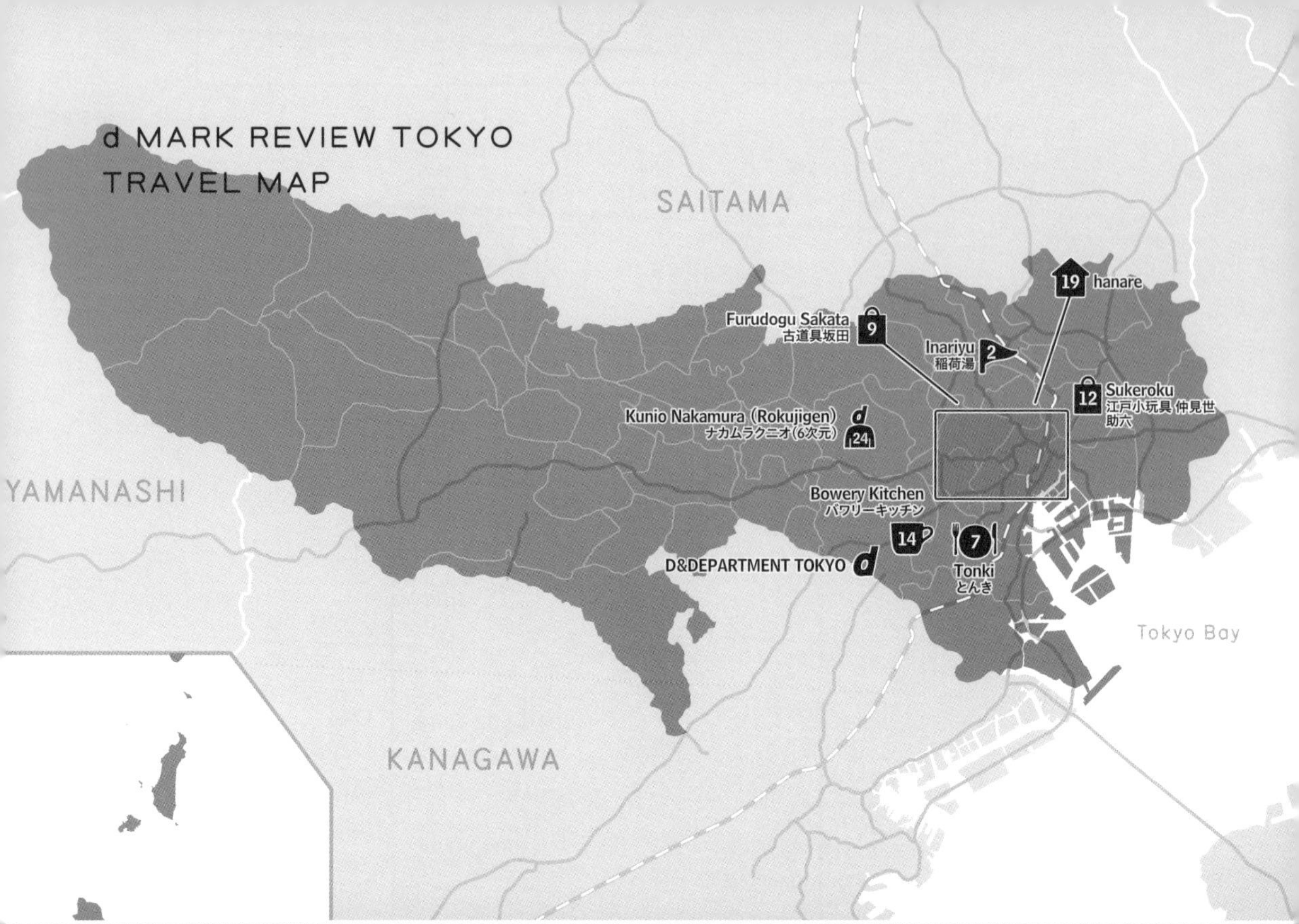
SAITAMA
YAMANASHI
KANAGAWA
Tokyo Bay
19 hanare
Furudogu Sakata 古道具坂田 9
Inariyu 稲荷湯 2
Sukeroku 江戸小玩具 仲見世 助六 12
Kunio Nakamura（Rokujigen） ナカムラクニオ（6次元） 24
Bowery Kitchen バワリーキッチン 14
7 Tonki とんき
D&DEPARTMENT TOKYO

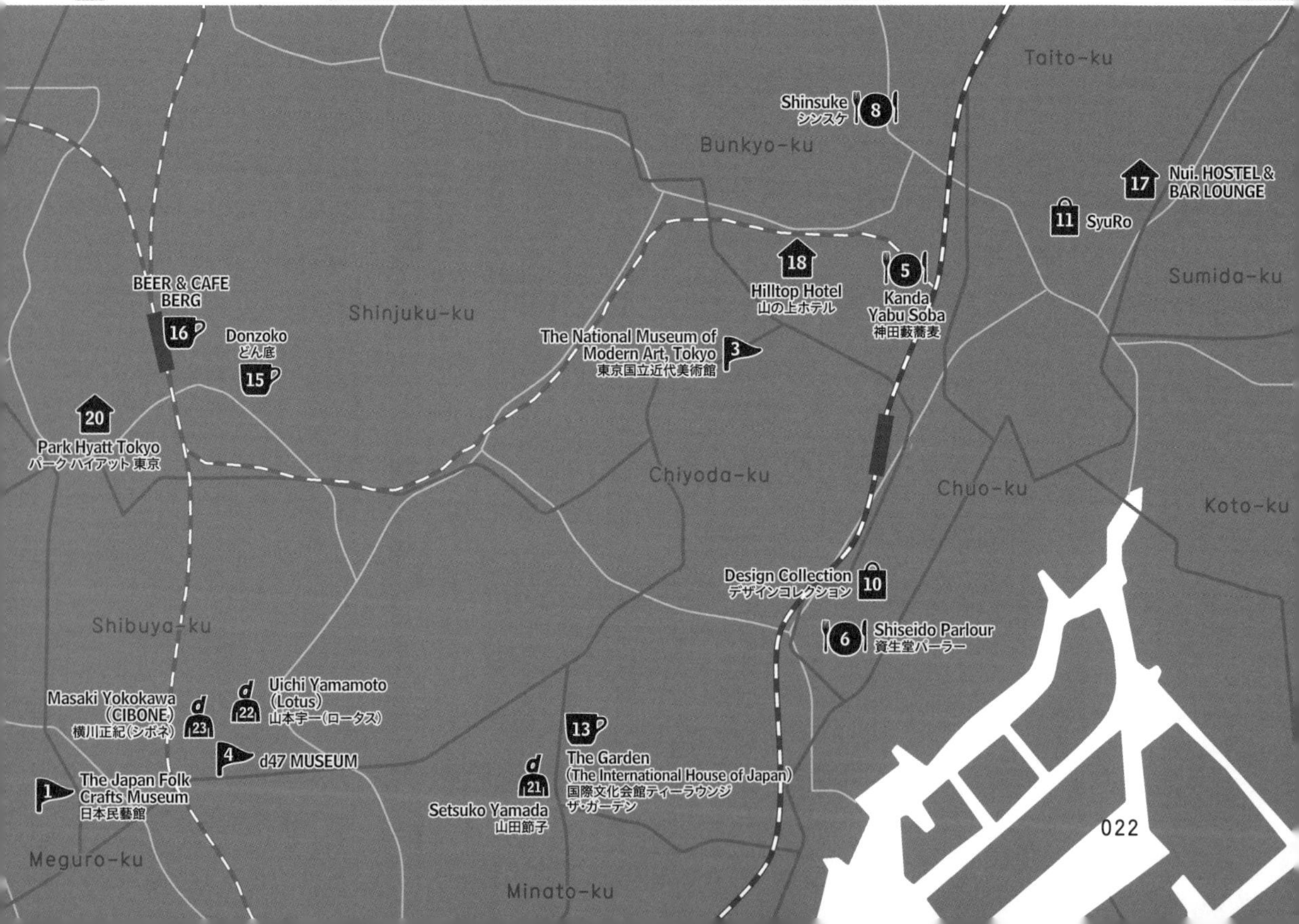
Taito-ku
Shinsuke シンスケ 8
Bunkyo-ku
17 Nui. HOSTEL & BAR LOUNGE
11 SyuRo
18 Hilltop Hotel 山の上ホテル
5 Kanda Yabu Soba 神田藪蕎麦
Sumida-ku
BEER & CAFE BERG 16
Donzoko どん底 15
Shinjuku-ku
The National Museum of Modern Art, Tokyo 東京国立近代美術館 3
20 Park Hyatt Tokyo パーク ハイアット 東京
Chiyoda-ku
Chuo-ku
Koto-ku
Design Collection デザインコレクション 10
6 Shiseido Parlour 資生堂パーラー
Shibuya-ku
Masaki Yokokawa（CIBONE） 横川正紀（シボネ） 23
22 Uichi Yamamoto（Lotus） 山本宇一（ロータス）
4 d47 MUSEUM
13 The Garden（The International House of Japan） 国際文化会館ティーラウンジ ザ・ガーデン
1 The Japan Folk Crafts Museum 日本民藝館
21 Setsuko Yamada 山田節子
Meguro-ku
Minato-ku

d MARK REVIEW TOKYO

1

日本民藝館

東京都目黒区駒場 4-3-33
Tel: 03-3467-4527
10時～17時（入館は16時30分まで）　月曜（祝日の場合は翌日）、展示入れ替え時休　https://mingeikan.or.jp/
駒場東大前駅 西口から徒歩7分

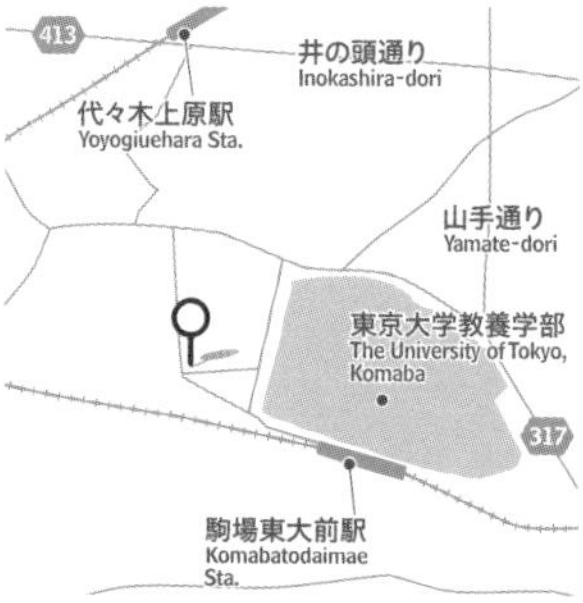

1.“デザイン都市”東京にある「生活デザイン」の原点を見つめ直す場所。

情報、メディア、欲求、海外意識の集中する東京にある、形を生むことの原点を見直せる清浄作用のある場所。

2. 柳宗理《そうり》と、その父である宗悦《むねよし》の偉業を体感できる場所。

館長は柳宗悦（思想家）、そして濱《はま》田庄司（陶芸家）、柳宗理（プロダクトデザイナー）、小林陽太郎（実業家）と続き、2012年7月より深澤直人（プロダクトデザイナー）。

3.“もの”が大好きな職員の愛に満ちた、心清められる気のある場所。

朝9時半から館内と庭の手入れ。平均年齢30代、勤続10年以上の、とにかく“もの”が大好きな職員による館。

日本じゅうの民藝運動の中心　あなたがデザイナーだったとしましょう。何か、みんなの生活のための、形ある物をつくろうとする。世界万国に通用する機能と美しさを持った素晴らしい物を生み出したい。そんな時、生活美や〝もの〟の思想、脈々と受け継がれるべき大切なことと、どんな方法で向き合い、その重要な仕事をやり遂げますか？　その答えが、「日本民藝館」だと思う。〝民藝〟とは「民衆的工藝品」の略。今のようにメディアが〝もの〟の価値を決めてしまいがちな世の中にあって、昭和の初めに下手物《げてもの》と呼ばれていた作者もわからない田舎の風土が作った物やその形を「美しい」と評価し、そこに生活の本質を見いだそうと思想家・柳宗悦らによって誕生した、民藝運動。その審美眼によって集められた陶磁器、染織品、木漆工品《もくしつこう》、絵画、金工品、編組品など新古工芸品約一万七〇〇〇点が収蔵されている。また、「日本民藝館展」として一般公募形式で、生活美を備えた手仕事の工芸品に賞を贈り、展示・販売する。本館の一部の〝旧館〟は、柳宗悦自らが「和の意匠」を、日本らしさを強く意識して設計し、囲む石塀と共に東京都の指定文化財に指定された。順路も解説も殆《ほとん》どなく、一九三六年から生活雑器などの美しさを見せ続け、それを読み取ることに対峙《たいじ》させてくれる。デザインに不必要な威厳や飾りつけを付与し過ぎた現代の私たちは、この場所で大いにリフレッシュされるべきだ。（ナガオカケンメイ）

The Japan Folk Crafts Museum

1. A great place in "design city" Tokyo to reexamine the origins of "living design"
2. A place to experience Sori Yanagi and his father Soetsu Yanagi's accomplishments
3. A place that cleanses the heart and is filled with the love of staff that loves "objects"

"Mingei" (folk art) is short for "minshuteki kougeihin" (popular craft goods). In the early Showa period, the philosopher Muneyoshi Yanagi and others launched the folk art movement as a way to reevaluate the beauty and form of objects made anonymously and produced by rural culture. Mingeikan houses approximately 17,000 new and old craft objects. The Mingeikan Exhibition solicits handcrafted objects with "living beauty" from the general public and awards, exhibits, and sells selected entries. The "old wing," which is a part of the main building, was designed by Muneyoshi Yanagi and others to emphasize Japanese aesthetics. Mingeikan has exhibited everyday objects without a set route or much wall text since 1936 and provided an opportunity for visitors to decode their beauty. This is a very refreshing place for contemporary visitors, who are so accustomed to unnecessarily adorned and grandiose designs. (Kenmei Nagaoka)

2

稲荷湯

東京都北区滝野川 6-27-14
Tel: 03-3916-0523
15時～24時30分　水曜休・その他不定休あり
https://www.instagram.com/takinogawa_inariyu/
JR 板橋駅東口から徒歩7分

1. 東京に在り続けてほしい、健全な伝統社交場。

都内に残るのは 600 余り、その代表的銭湯。
料金は現在大人 450 円、深夜過ぎまで営業。

2. 湯、桶《おけ》から、目に見えない所まで、徹底して追求する品質。

浴場には富士山の爽やかなペンキ画、脱衣場の隅に灰皿、
面して坪庭。必要な物を過不足なく揃《そろ》え、掃除・管理が行き届いている。

3. 顧みるべき、江戸文化としての銭湯。

大都市で日常のストレスの中に面白みを見つけ、文化にまで高めた江戸の粋。
その代表・銭湯に学びたい、商売と暮らしの哲学。

江戸文化を繋ぐ、東京の社交場　一九三〇（昭和五）年築の銭湯「稲荷湯《いなり》」を訪れた日、大雨に降られた。小降りになるまで長湯しようとしたが、湯はしびれるほど熱い。真っ赤になっていると、「水でうめな」と常連らしきに言われて、うめて肩までつかりなおした。高い天井には換気扇なんてない。激しい雨音を遮って桶の音が響き、鏡越しに「ひどい雨だ」と誰かの独り言。斜め奥から、その相槌《あいづち》。天窓から雨が降り込んできたら、「今日は露天風呂よ」と陽気な声。銭湯には他人と触れ合う、その風情がある。「気持ちよくなって頂くことに手は抜けない。それでこそ商売」と、先代女将・土本紀子さん。肌触りがいい湯は、井戸水を薪《まき》の火で焚《た》き、一度単位で湯加減を見る。桶はすべて職人による木製で、毎年正月の初湯に新しく取り替える。弛《ゆる》み、歪《ゆが》み、一つとしてない。そんな手間を当然のこととして、いちいち口にしないのが稲荷湯だ。銭湯が普及した江戸時代、ニューヨークの人口が約六万人で、江戸の人口は何と約一二〇万人。住まいは狭いが、不足しがちな食料や生活用品は気軽に貸し借りする。困った時には助け合う。今の東京は物質的には困らないが、隣人の顔を知らないのも普通だ。だからこそ、江戸文化を振り返る必要がある。帰る時、雨はまだ強かった。「濡れて湯冷めしちゃいけない。傘あげるから、待って」と、女将さん。客の一人一人に心を寄せる、江戸の文化を繋《つな》ぐ、気持ちの本当に安らぐ場所だ。（空閑《くが》理《おさむ》）

Inariyu

1. A wholesome and traditional space for socializing, which we hope will continue to exist in Tokyo
2. Superior quality pursued for water, tub, and even things out of sight
3. The public bath should be re-examined as an important element of Edo culture

"Inariyu" is a public bath that was established in 1930. The previous owner Noriko Tsuchimoto explained, "We can't take short cuts to make our customers feel good. Our business is to satisfy our customers." The pleasant bath water is first drawn from a well and heated to the perfect temperature over a wood fire. At Inariyu, such painstaking efforts are made as a matter of course and not spoken about. In the Edo era, when public baths began to spread, Edo's population was approximately 1.2million. Edo homes were small. Food and everyday use items were shared with neighbors. Neighbors helped each other during times of need. Today, Tokyo residents are materially satisfied, but do not know their neighbors. This is why we need to re-examine Edo culture. Inariyu is an emotionally and physically comforting place that carries on the Edo culture of caring for each and every customer. (Osamu Kuga)

3

東京国立近代美術館

東京都千代田区北の丸公園 3-1
Tel: 050-5541-8600（ハローダイヤル）
10時～17時（金・土曜 10時～20時）
月曜（祝日の場合は開館）、展示入れ替え時休
http://www.momat.go.jp
竹橋駅1b出口徒歩3分

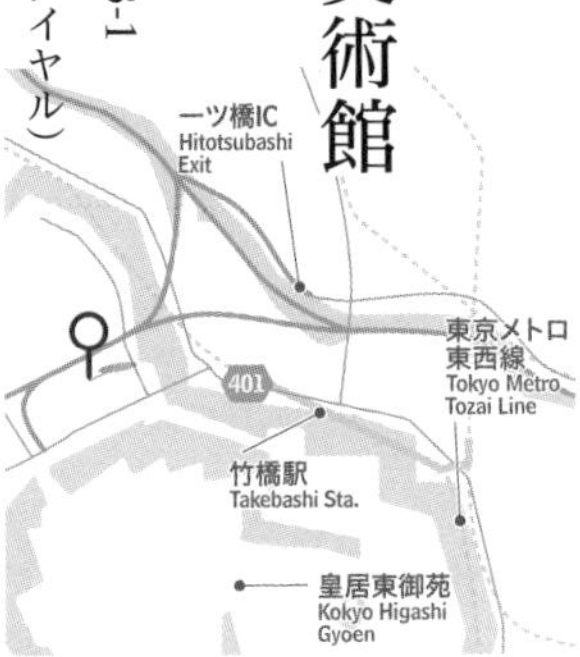

1. 日本最初の国立美術館。

明治期から熱望され、前川國《くに》男《お》設計で1952年京橋に開館。
1969年竹橋へ移転。多彩かつ重厚なコレクションを
じっくり見せる、ゆったりとした余裕のある展示。

2. 形・色・素材――細部までデザインされた名建築。

現本館の初期設計は谷口吉郎（1969）、増改築工事は
坂倉建築研究所（2001）、シンボルマークやロゴデザインは平野敬子。

3. 鑑賞以外にも通いたい、居心地のよさと利用しやすさ。

アートライブラリや休憩室など、
皇居前の清冽《せいれつ》な雰囲気に気軽に浸れて、何時間でも過ごしたい。

皇居を望む、国立美術館第一号　一万点超のコレクションを誇る、「東京国立近代美術館」。大家の回顧展を企画・成功させる一方で、若手作家や建築家をいち早く取り上げるなど、幅広い視野をも併せ持つ。一番の感動ポイントは、長く所蔵作品展の入り口に展示されていた、荻原守衛《もりえ》（碌山《ろくざん》）の彫刻『女』だ。その造形の美しさと、誕生にまつわるエピソードは、実際に見て知ってほしい。小学生の頃から教科書で見慣れた有名な作品だが、初めて訪れてから一〇年、何度も通ううち、突然その素晴らしさを、しんじつ理解した。僕が長く通っている理由は、何より、この建築としての居心地のよさにある。例えば、静かで明るい休憩室――窓の外に皇居の石垣の緑の波を望み、樹々が静かに揺れ、彼方に丸の内のビル群が光る。本や仕事を持ち込んだり、ただボーッと過ごしてもいい。他にも、エントランスのアーチ状の梁《はり》、それを支える複雑な十面体の柱、一段一段の空間の見え方まできれいな外階段、モザイク柄の床――遠目には地味だが、靴で踏み、指で触れて初めて気がつく上質さ。小さな一つ一つが、みな美しい。これこそ日本の伝統美意識だが、それを強くは主張せず、あくまで飾らないこの建築が、日本初の国立美術館だと知って嬉しかった。僕は今年、年間パスポート（一二〇〇円）も初めて買った。デザインは、シンボルマークなども手がけた平野敬子氏で、その質感がいい。感動に出会う瞬間を焦らせない〝国の〟美術館。（空閑理）

The Museum of Modern Art, Tokyo

1. Japan's first national art museum
2. Form, color, material: An architectural masterwork with finely designed details
3. Comfort and usability make the museum great even for purposes other than art appreciation

The Museum of Modern Art Tokyo has planned and successfully carried out retrospectives of established artists and also featured the works of young artists and architects before they were widely recognized. The comfort of the Museum's architecture has lured me back to the Museum for many years. The lounge, for example, is quiet and bright. The windows offer a view of the flatness of the stonewall surrounding the Imperial Palace, trees wavering quietly, and buildings in the Marunouchi area shining in the distance. The spotlessly clean exterior staircase, and the mosaic floor are all plain at first sight. One feels their superior quality however, by stepping on them and touching them with one's fingers. Every minute detail is beautifully accounted for. This is the traditional Japanese aesthetic. This is a museum of a nation that does not rush into emotionally moving moments.
(Osamu Kuga)

右上 / 2012年取材当時の館内。

4

d47 MUSEUM

東京都渋谷区渋谷 2-21-1 渋谷ヒカリエ 8F
Tel: 03-6427-2301
12時～20時（入場は19時30分まで） 無休
https://www.d-department.com/ext/shop/d47.html
渋谷駅 B5 出口から徒歩約3分

1. 日本の文化の発信地・渋谷にある“デザイン物産美術館”。

2012年、渋谷のシンボル「東急文化会館」跡地にオープン。「d47食堂」「d47 design travel store」と共に地域の個性を紹介。

2. 47都道府県の個性や、長く続く「いいもの」を、デザインの視点で伝えている。

身近なテーマを切り口に日本各地の風土・産業・文化を知り、その背景に着眼できる。D&DEPARTMENT PROJECTが運営。

3. つくり手と使い手との繋がりを感じる場。

作り手によるトークイベントやワークショップのほか「その土地らしい」デザイングッズもある。

デザインの視点で感じる四七都道府県　一日に約三〇〇万人以上が行き交う東京の渋谷駅直結の商業施設「渋谷ヒカリエ」。その八階は、かつて〝渋谷のシンボル〟と呼ばれた「東急文化会館」のDNAを持つ「クリエイティブスペース 8/」で、「Bunkamura Gallery 8」や「渋谷〇〇書店」など、個性溢《あふ》れるスペースが連なる。その一角にある「d47 MUSEUM」は、衣食住など、暮らしに身近な切り口に加え、地域や観光をテーマにした企画展では、独自の視点で選定された展示品から「その土地らしさ」を感じ、新たな魅力にも気づかされる。例えば、『47手芸店』（二〇二二年）は、「手芸」をテーマに布や糸など素材から鋏《はさみ》や針などの道具を紹介し、三重県の「伊勢木綿」や神奈川県の「寄木細工」のボタンなど、直接購入もできるマーケット型。また、観光ガイド『d design travel』の発刊に合わせて開催する通称トラベル展の「神奈川県」特集（二〇二三年）は、私が高校時代から知っていた「熊澤酒造」を紹介し、酒造りの道具や思わず呑みたくなる商品を展示。創業から一五〇年以上生業を続けつつ、時代の波に合わせ姿を変えながらも、ぶれない芯を持ち続けている姿に感動した。さまざまな企画展ごとに、そのものの背景をスタッフの解説を通して知れるのも、この美術館ならではの魅力。生まれ故郷に想いを馳《は》せたり、未開の土地への興味を広げるなど、日本の魅力を立体的に感じられる場。（古谷阿土）

d47 MUSEUM

1. A "design product museum" in the heart of Shibuya, Japan's cultural mecca.
2. See the uniqueness of Japan's 47 prefectures and long-lasting products from a design POV.
3. Live lectures and in-person workshops with actual creators.

On the 8th floor of the Shibuya Hikarie retail complex is Creative Space 8/, a spiritual successor to the old Tokyu Bunka Kaikan. It's home to an array of unique spaces, like Bunkamura Gallery 8 and Shibuya OO Books. Among them is the d47 MUSEUM, where you'll find exhibits on daily life, tourism, and other themes that will give you a new appreciation for the local flavor of Japan's 47 prefectures. At the 47 Handicraft Store (2022), you can buy Ise cotton textiles from Mie and yosegi woodcrafts from Kanagawa. And the Kanagawa exhibit (2023) features sake-making tools and enticing brews from Kumazawa Shuzo. Vivid commentary from museum staff brings each exhibit to life. Whether reminiscing about your hometown or exploring unfamiliar lands, the museum offers the chance to experience Japan's allure in three dimensions. (Furutani Azuchi)

5

神田藪蕎麦

東京都千代田区神田淡路町 2-10
Tel: 03-3251-0287
11時30分～20時（L.O.）　水曜休（祝日の場合は翌日）
http://www.yabusoba.net
淡路町駅 A 3 出口から徒歩 3 分

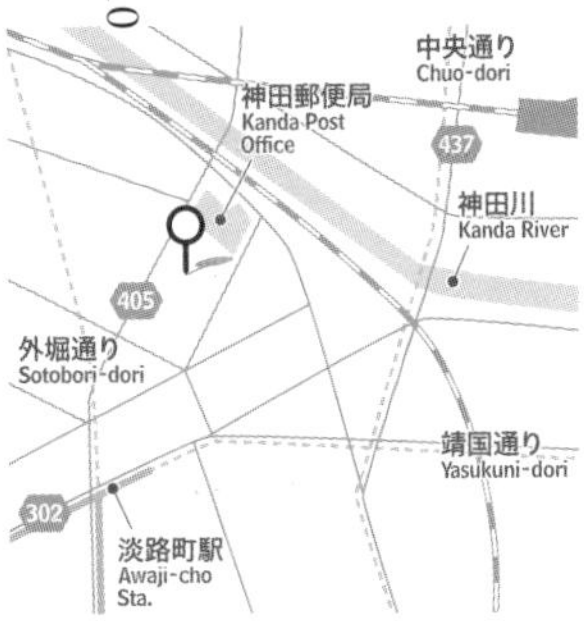

1. 江戸の風情が残る、神田の街で食べる新緑色の蕎麦《そば》。

タイムスリップしたような一角に凛《りん》として明治より続く蕎麦屋。

2. 都の歴史的建造物※でありながら、どこかモダンに進化しているセンス。

かわいいサイズのパリッとした暖簾《のれん》など、
その一つ一つは今にも通じる。

3. 注文を奥に伝える時の個性的な作法。

これから店をつくるという人に体感してほしい、実用を兼ねた風情。

江戸の風景で蕎麦を食べる　江戸時代に秋葉原が青物市場であった頃、隣の神田は紺屋町、鍛冶《かじ》屋町と呼ばれた問屋街。全国から布やボタンを仕入れに泊まりがけで人が集まる。ここに暮らす職人ら、重労働のお客さんのために塩分に気を配った濃いめのつゆと、「蕎麦もやし」の青汁を蕎麦粉に打ち込み、清涼感のある新緑色の蕎麦を一八八〇（明治一三）年から出している「神田藪《やぶ》蕎麦」。背負子《しょいこ》の肩当ての縄を直す店が集まることで「連雀《れんじゃく》」町と呼ばれていた時から一貫して変わらない。今では周りを近代的なマンションに囲まれてしまったが、この一角だけは当時の風情を残し、今も多くの人々が集まってくる。料亭風の佇《たたず》まいは、前庭と中庭があり、開店前の店員全員での水拭《ぶ》きは、取材だから見られた感動ポイントだ。一心不乱にみっちり一時間、徹底的に拭き掃除をする。長野、青森、北海道など国産の玄《くろ》蕎麦のみを使い、その日の分だけを手でこねた蕎麦は毎日、旦那さんや女将さんの試食を経て初めてお客さんに出される。注文を受けると帳場から調理場へ、まるで俳句でも読み上げるような抑揚で注文が伝えられる。その風情も常連が多い、この魅力の一つ。親子で何代にもわたって来てくれる。「自分たちはこうだ」ではなく、「藪蕎麦はこうだ」と、常連客と〝藪蕎麦〟をいつまでも改良していく。この空間で、名物の「天たね（かき揚げ）」と新緑色の「せいろう」を頂きたい。（ナガオカケンメイ）

※2012年取材当時

Kanda Yabu Soba

1. Fresh green-colored soba served at a soba shop surrounded by a board fence and located in Kanda, an area with Edo ambiance
2. A historical building in the capital with a slightly modernized sensibility
3. A unique method of relaying orders to the kitchen

During the Edo era, when Akihabara was a produce market, neighboring Kanda comprised Konya-cho and Kajiya-cho, which were wholesale districts. People flocked to Kanda from all over Japan to stay the night and procure products such as fabrics and buttons. Since 1880, Yabusoba has been serving its unique style of fresh green-colored soba noodles made with buckwheat seed "green juice" and a strong but not too salty dipping sauce made with local craftspeople and laborers in mind. The neighborhood is now full of modern apartment buildings, but Yabusoba's immediate surroundings still retain an air of the Edo era and the restaurant continues to draw many customers. Orders are relayed from the cashier to the kitchen in haiku-like intonations. I recommend eating the restaurant's specialties—"tentane (kakiage)" fritters and fresh green-colored "seirou" soba noodles. (Kenmei Nagaoka)

6

資生堂パーラー

東京都中央区銀座 8-8-3 東京銀座資生堂ビル4・5階
Tel: 03-5537-6241
11時30分～21時30分（L.O. 20時30分）
月曜休（祝日の場合は営業）
http://parlour.shiseido.co.jp/
銀座駅 A2出口から徒歩6分

1. モダンな東京・銀座を代表する、1928(昭和3)年開業の本格洋食店。

1931年発案の「ミートクロケット」など、
日本に上陸した当時の洋食が楽しめる東京の老舗。

2. 美を追求する、芸術企業としての資生堂を体感できる。

1階のグラフィカルなショップや、現存の日本最古の画廊
「資生堂ギャラリー」など、資生堂文化に触れられるレストラン。

3. スタッフの接客に江戸の粋を感じられる。

ゴージャスではなく、ハイセンスなクリエイティビティ、
和やかでキビキビした江戸っ子のような接客。

接客も含め、江戸の粋を感じるレストラン　名物の「チキンライス」が銀器に入って運ばれてきた。そして、美しい白磁の皿に目の前で盛りつけてくれる。一見、資生堂パーラーは「高級」な印象があるが、何度か通ううちに思った。ここは美しいことが大好きな、ユニークでおしゃれな創業者・福原さんの家なのだ。資生堂を一言で言うと「〝美をプロデュース〟する企業」。建築も広告も、ショーウインドウも包装紙も料理も、何もかもが美しい。事業の根底に「美」を置き、文化事業としての「資生堂ギャラリー」は現存する日本最古の画廊。当誌静岡号取材時に通った掛川にある「資生堂アートハウス」は一日居ると心まで澄んでくる。一八七二年に日本初の洋風調剤薬局として銀座に創業した資生堂。その後、アメリカより本格機械一式を輸入し「ソーダファウンテン」として薬局内でソーダ水を販売。後に「アイスクリームパーラー」の名で人々を驚かせ、同時に本格的西洋料理を提供。銀座が東京モダンの象徴となる根源を、ここに集う人々と共につくっていった。「ミートクロケット」を注文しながら、ゴージャスさの高級ではなく、革新的なクリエーションであることをぜひ、確かめてほしい。ユニークなパッケージグラフィックや、建築家リカルド・ボフィルの色彩豊かな表現すべてが、江戸の粋に見えてきたら、資生堂パーラーの楽しみ方に気づいたことになるでしょう。（ナガオカケンメイ）

Shiseido Parlour

1. An authentic yoshoku (Japanized Western) style restaurant that was established in 1928 and represents the modern Ginza, Tokyo
2. Experience Shiseido as an art corporation that pursues beauty
3. Customer service that exudes Edo stylishness

Put simply, Shiseido is a “corporation that produces beauty.” “Beauty” is the foundation of its business and the Shiseido Gallery is the oldest existing gallery in Japan. Shiseido was established as Japan’s first Western pharmacy in Ginza in 1872. It later imported a set of equipment from the U.S. to create a soda fountain inside the pharmacy. Shiseido later surprised Japanese consumers by opening an ice cream parlor that also served authentic yoshoku cooking. Shiseido Parlour and its customers established Ginza as the symbol of the Tokyo modern. Order the meat croquette and you will recognize that although not gorgeous or luxurious, it is a radical creation. When the unique packaging graphics and architect Ricardo Bofill’s colorful creations all appear to be stylish doings of an Edoite, you will have understood the best way of enjoying Shiseido Parlour. (Kenmei Nagaoka)

とんき

東京都目黒区下目黒 1-1-2
Tel: 03-3491-9928
16時～21時（L.O.）火・第三月曜休
JR 目黒駅西口から徒歩 3 分

1. 動く、見せる、名物は──働く姿。

常連客が「店が閉まるちょっと前の、掃除が始まる時間がいいよ」とこっそり教えてくれた、店の者が一斉に素早く動く姿に魅せられる、舞台に見立てたような広い厨房《ちゆうぼう》。

2. 粋な、清々《すがすが》しい空間デザイン──

磨いて磨いて磨き使う白木のカウンター、白い割烹《かつぽう》着、ふわふわのおしぼり。一隅《いちぐう》に飾られた生花。創業時の想いそのまま、隅々まで“ 様になっている ”店内。

3. 王道のとんかつ、伝統のソース、新鮮キャベツ。

“肉の旨《おい》しい”ロースかつ、ヒレかつ、それぞれ定食2300円。串かつは 2 本1100円。ごはん・キャベツお代わり自由が創業時からの業界の先駆け、とん汁は 2 杯まで OK。

舞台のような、とんかつ屋　白い暖簾《のれん》の存在感が際立つ。ビル風に吹かれても「とんかつ」の四文字をはっきり見せる特大サイズ。店に入ると、「いらっしゃい！」とキリッとした声。厨房を見渡せるコの字型の檜《ひのき》のカウンターは白無垢《むく》で、乳白色のガラスシェードの白熱灯が美しい。カウンターの台に、ソース、爪楊枝《ようじ》が等間隔にビシッと並ぶ。鮨《すし》屋のような印象だが、広く明るい、次第に舞台に見えてくる厨房は「とんき」だ。真っ白な割烹着姿の男たちがキビキビと動き、ピタッと止まり、また動く。その数、忙しい日には二〇人。注文を取る、キャベツを刻み盛る、かつを揚げる……一人一人に〝役〟があり、〝演じる〟仕事に一瞬の迷いが入る隙《すき》もない。注文してかつが揚がるまで約二〇分、彼らの様子に見惚《みと》れながら、冷えたキリンラガー中瓶で、お先に一杯。三代続く〝職人〟商売の基本は、「客を楽しませてこそ」。流れ舞うように働く姿をエンターテインメントにも見てもらおうと考えたのも当時から。動き回る膝《ひざ》の負担を減らすために、厨房の床には白木の簀《す》の子が敷き詰めてある。それが隅々まで磨き込まれ、乾いた光景に、客はまた感動する。キツネ色のかつは、純白のノリタケの皿で運ばれてきた。そのモダンさにも「古き佳《よ》き」ばかりに固執しない〝江戸っ子らしさ〟を感じる。常連は、たいてい定食に串かつを一本付ける。これが美味い。江戸の粋に浸りながら満腹になれる、正当かつ真正直な〝かつ〟屋。（空閑理）

Tonki

1. The restaurant's specialty is the spectacle of the cooks working in the kitchen
2. Stylish and refreshing spatial design
3. The classic pork cutlet, traditional sauce, and fresh cabbage

Tonki resembles a sushi restaurant, but its spacious, bright, and visible kitchen, which starts to look like a stage after a while, is entirely unique. Men in crisp white cooking aprons work efficiently, stop on a dime, and start moving again. Each person has a role and performs his work without a moment of doubt. It takes approximately 20 minutes after the order is placed for the pork cutlet to finish frying. "Entertaining customers" is the foundation of this third generation "craftsman's" business and the concept of having customers watch the cooks as entertainment as they ebb and flow in the kitchen was established from the restaurant's start. The spotlessly polished and dried drain boards are breathtaking. The fox-colored cutlets are served on pure white Noritake plates. The modern quality of the plates expresses a Edoite sensibility of not fixating on "the good old days." This is a pork cutlet restaurant where one can soak in Edo-style coolness. (Osamu Kuga)

8

シンスケ

東京都文京区湯島 3-31-5 YUSHIMA3315 ビル1・2階
Tel: 03-3832-0469
16時〜20時30分 (L.O. 20時)　日曜・祝日休
https://www.shinsuketokyo.com/
湯島駅 3番出口から徒歩2分

1. 仲條正義がオリジナルデザインを手がけた、直線的な美点空間。

大工の棟梁《とうりよう》を父に持つ仲條氏と、江戸から続く家業の店主がつくった、「東京の酒場の美学」をはっきりと伝える店。

2. 相撲や落語や銭湯に並ぶ、酒を文化として楽しむ居酒屋。

酒屋として七代、関東大震災後に居酒屋として四代続く老舗が伝える、「肩幅で飲む」酒の楽しみ方。

3. 酒との相性抜群、売り切れ御免のシンスケ流料理。

日本酒は、調理酒まですべて、「昔からの付き合い」の「両関」のみ。
辛口、甘口――常温、ぬる燗、熱燗、冷酒――好みに合わせて楽しむ極上つまみ。

東京人が考えた東京らしい酒場　湯島天神から程近い「シンスケ」には、遅い時間だと品切れが多いと聞いて、開店の夕方五時に行った。坪庭がきれいな入り口、縄暖《の》簾《れん》をくぐって戸を開けると、店内が一目で見えた。奥まで伸びた厚い一枚板のカウンター、短冊に墨書の品書き、おしぼりと箸を置く角度――水平・垂直をはっきりと意識した、潔《いさぎよ》いまでの直線的空間。「資生堂」などのグラフィックを手がけた仲條正義氏が「東京の人間が考える、すっきりとした酒場」とは何か、それを突き詰め設計した前店舗をほぼ踏襲して、一九九二年に建て替えた。四代目矢部直治さんは、「居酒屋」は相撲や落語や銭湯と同じで、一つの場所の〝空気〟を皆で分け合う江戸文化だと言う。三人以上でわいわい楽しみたい時には二階のテーブル席もあるが、一階のカウンターか二人席で、「肩幅で飲む」シンスケの醍醐《だいごみ》味を味わってほしい。直治さんは家業の板前料理を身につけながら、フランス料理も学んだ熱血料理人。旬の刺身・豆・野菜、または、つまみの定番に一捻《ひね》りを加え新鮮な食材本来の旨味《うまみ》をいっそう引き立てた「まぐろぬた」や「きつねラクレット」など、日本酒との相性はどれも最高――幸せだ。正一合の純白の徳利はロゴ入りで、これも仲條氏のデザインだ。くびれたラインが美しく女性的で、徳利相手に飲む気分になる。事実、空になると寂しいから、ついついもう一本つけてもらってしまう、僕も常連になりたい名店。(空閑理)

Shinsuke

1. **A rectilinear space designed by Masayoshi Nakajo**
2. **A bar where you can enjoy sake as a Japanese culture of equal import to sumo, rakugo (traditional Japanese comedy), and public baths**
3. **Painstakingly made Shinsuke-style cooking goes perfectly with sake but frequently sells outrself to tea in a paper cup**

The current and fourth owner Naoharu Yabe renovated the bar in 1992, preserving the previous bar, which Masayoshi Nakajo, graphic designer for Shiseido and others, had designed to create "a clean and uncluttered bar as it is imagined by Tokyo people." Yabe says that the izakaya bar is an Edo culture, like sumo, rakugo, and public baths, in which people share the "ambiance" of a place. I recommend drinking "shoulder-to-shoulder" on the first floor, which is mostly constituted by counter and two-person seating, to get the truest Shinsuke experience. The pure white sake serving bottles are designed by Nakajo. The sake bottles' curved lines are so beautifully feminine that they could serve as a fine drinking partner. In fact, I cannot resist ordering another as the sight of an empty sake bottle makes me sad. This is a great bar, which I would like to become a regular of. (Osamu Kuga)

9

古道具坂田

http://sakatakazumi.com/

1. 消費の東京が生んだ、自分の眼だけが頼りの買い物がある場所。

買い物の前提には自分の「審美眼」がある。そして、道具屋が持つ「ものに込められた想いを次の時代に伝える」役目も知れる場所。

2. 白洲正子も一目置く、道具屋界の異端児、坂田和實《かずみ》さんの店。

1973年に開店。美術商協同組合に属せなかったからこその「ひとりよがりのモノサシ」を持つ店主による、世界各国の美しき「日用工芸品」たち。

3. 建築家などの文化的クリエイターの街の元祖「目白」を散策。

歴史的建造物が多く、吉村順三をはじめとした多くの建築家やクリエイターが事務所を構える知的な「新骨董通り」。

誰かの敷いた価値観のレールを外してくれる買い物　街でよく見かける骨董屋の多くが古美術の組合に加盟しているという世界で、そこにいないと商売の要である市場の出入りすらできないことを、開き直るかのように新しい価値、つまり、〝自分の眼で選んだ価値〟で勝負する坂田和實さん。段ボールの建築模型があるかと思えば、丸焦げのパン、買った家電についてくる発泡スチロールの塊《かたまり》が店に出ていたという噂《うわさ》が聞こえてきたこともある。もちろん名のある漆器《しっき》や李朝《りちょう》の白磁など、業界の評価の高いものもあるが、それらも他のものと同じく「坂田和實の審美眼」による。その店は地代のまだ安かった頃から四〇年、目白の一角にある。吉村順三や剣持勇らの仕事場があった住宅が立ち並ぶ目利き好きな若者が関心を寄せるエリア。「古道具坂田」が面白いのは業界の価値ではない目利きによる美があること。凝り固まった骨董、古道具の見方がここに来ると変わる。取材中何度も「最近の若者の審美眼の素晴らしさ」について語る坂田さん。昔からの業界の価値に従い商売をする多くの道具屋には絶対に見えてこない未来を感じた。東京の買い物の根拠の多くはメディアによる流行か、有名人のような誰かが決めている。誰かによって買い、自分によって捨てる消費の場、東京で、本当に刺激的な買い物は「自分の眼」で選んだものであることを、この店は教えてくれる。（ナガオカケンメイ）

Furudogu Sakata

1. **A place to go shopping where all you can rely on is your own eyes. Truly a product of the consumer city that is Tokyo.**

2. **The shop of Kazumi Sakata, the maverick of the secondhand store world, who has been recognized by Shirasu Masako.**

3. **Walk around Mejiro, the original town of architects and other cultural creators.**

Here one might find cardboard architectural models and completely burnt toast. I've even heard a rumor that clumps of the Styrofoam that accompanies household electronics were once on display. Of course, there are items that receive high acclaim in the industry, such as famous lacquer ware and Joseon white porcelain pieces. However, like other items, these are chosen by Kazumi Sakata based on his aesthetic. His shop opened about forty years ago in a corner of Mejiro, when rent was still cheap. Furudogu Sakata is interesting because it features beauty that's based on a discerning eye which is not that of the industry. Come here and your notions of antiques and secondhand items will expand. When visiting I sensed that there was a future to this shop that one definitely doesn't find in the many secondhand stores that have always sold things based on the values of the industry. This shop teaches you that truly stimulating shopping in Tokyo consists of choosing things with your own two eyes. (Kenmei Nagaoka)

※2020年10月に閉店。坂田和寛さんは2022年にご逝去されました。

10

デザインコレクション

東京都中央区銀座3-6-1　松屋銀座7階
Tel.03-3567-1211（大代表）
10時～20時（日曜もしくは連休最終日は19時30分まで）　不定休
http://designcommittee.jp/collection/
銀座駅A12出口

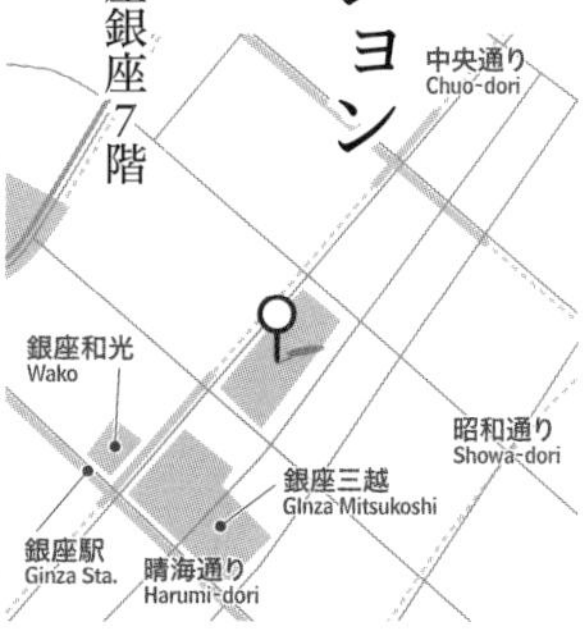

1. 1955年開業の、日本を代表するデザイナーたちによる店。

剣持勇、岡本太郎らが発足させ、現在は原研哉、深澤直人ら31名による活動体としてのショップ。

2. 松屋銀座を舞台に、終戦後のデザイン啓蒙《けいもう》の歴史を感じる。

百貨店を舞台としたとても珍しい活動を、隣接するギャラリーやトークショーで感じられる。

3. 第一線で活躍するデザイナーによる商品解説のある店。

世界中から集められた美しき生活品をデザイナーの解説POPを見ながら買える場所。

日本を代表するデザイナーたちによる店

大戦後の日本にはデザインやアートと生活向上を結びつけ、日本をよりよくしようとする動きがあった。古くは民藝《げい》運動から、クラフト・センタージャパンによる日本の工芸運動。そして一九五〇年代には「グッドデザイン運動」としての活動体「日本デザインコミッティー」が剣持勇、亀倉雄策、岡本太郎ら一五名の有志により発足。東京銀座の松屋という百貨店を舞台に、今も続いている。限られたスペースだが、銀座のど真ん中で着想や思考を積み重ね、ギャラリーでの様々な企画展で一つ一つの本質を興味深く展示・解説し、機能美も併せ持つ生活品を選定・販売。現在のメンバーは原研哉、深澤直人、佐藤卓ら、現在の日本を代表するデザイナー三一人。東京を主な舞台として様々に変化し、本当の意味で日本の生活者に馴染み始めた「デザイン」。その将来の姿も含め、多忙極まるメンバーが活動拠点である松屋に隔月集まり、議論を交わす、珍しいショップだ。商品一つ一つの解説をメンバーが自ら行っているので、それだけを読んで巡っても楽しめる。おそらく深澤直人の選んだ機能美が素敵な生活品を、本人の解説入りで販売する店など、世界中探してもない。取り扱い品は一〇〇〇点ほどと、通常のデザインストアに比べて決して多くないが、厳選された世界中のデザインが、独自なメンバーのフィルターを通って、解説付きで買える、〝東京ならでは〟の場所である。（ナガオカケンメイ）

Design Collection

1. A store opened in 1955 and maintained by Japan's leading designers
2. Experiencing the history of postwar design edification in Matsuya Ginza
3. A store, where top designers write the product descriptions, which can only be found in Tokyo

In the postwar period in Japan, art and design were frequently tied to improvements in living standards and promoted to improve the nation. Early examples include Muneyoshi Yanagi's folk art movement and Craft Center Japan's craft movement. In the 1950s, fifteen volunteers including Isamu Kenmochi, Yusaku Kamekura, Taro Okamoto started the "Japan Design Committee" to carry out the "good design movement." The Japan Design Committee continues today at the Matsuya department store in Ginza, Tokyo. The Committee currently comprises 31 leading Japanese designers including Kenya Hara, Naoto Fukasawa, and Taku Sato. Each product is accompanied by a description written by a Committee member, which makes for a fun read. Only in Tokyo can one find a store filled with design items from around the world that have been carefully selected and written about by Japan's leading designers. (Kenmei Nagaoka)

11

SyuRo

東京都台東区鳥越 1-16-5
Tel.03-3861-0675
12時～18時　不定休
http://www.syuro.info/
蔵前駅A3出口から徒歩約7分

1. 東京のものづくりを江戸時代から支えてきた下町の職人技を知って、買える店。

台東区の板金職人の缶箱や、墨田区の指物《さしもの》職人の玩具など、
東京下町工場の技術を使った、オリジナル商品を制作。

2. 「徒蔵《かちくら》エリア」にアトリエを構える、若手クリエイター先駆けの店。

父にジュエリー職人を持つ、地元デザイナー宇南山加子《うなやまますこ》さんの店。
行列のできる文房具店「カキモリ」や、蔵を利用したギャラリー「白日」など、
センスいい店が町に集まるきっかけになった。

3. ものづくりの町「台東」から“新・東京土産”を提案している。

三重県の萬古焼《ばんこやき》や、大阪府の「ダルマ糸」など、福祉や地方とともに、様々にデザイン。

職人の町の店に託された使命　JR御徒町駅から鳥越、浅草橋、蔵前と続く「徒蔵」をはじめとする隅田川流域は、江戸時代から産業集積地で、工場や問屋が犇《ひし》めいていた。戦後、その面影は薄まったが、今でも歩けば、二〇一〇年に文房具店「カキモリ」、二〇一二年に革製品の「REN」など、次々と工房を併せ持つ店が誕生し、当時の職人気質《かたぎ》の町並みが、若い職人たちによって甦《よみがえ》ってきている。そして、この古くも新しい町の代表格が「SyuRo《シュロ》」だ。店内には、テント職人による端切れ生地で縫製されたバッグや、へら絞り職人が黒染めした照明など、主に地元の職人と作った商品が並ぶ。中でも「角缶」は、ブリキ、真鍮《しんちゅう》、銅とあり、サイズ展開も豊富で美しい。特に、内部を見てみると極めて小さく板を折り込み成形している技術（折り加工）に驚嘆する。だが、この板金職人はたった一人しかいなく、しかも高齢で現在は療養中のため、生産を休止している。海外でも人気となった「角缶」は、下町の職人技を世界に知らしめた商品でもある。求めるお客様がいるため、折り加工からハンダ加工へ職人を変え、再作したという。しかし、やはり元の職人の技術を生かしてあげたい、と店主の宇南山加子さんは二〇一六年に一念発起。職人の快諾を得て、技術を継承するために動き始めたのだ。それは、今は亡きジュエリー職人の父を持った彼女の血筋みたいなものなのかもしれない。「SyuRo」は、町に若者を呼び、職人と技術を守り続ける、これからの下町を活性化させる原動力となる店だ。（神藤秀人《しんどうひでと》）

SyuRo

1. **Experience the skills of craftspeople that have supported Tokyo manufacturing for hundreds of years.**
2. **The shop of a pioneering young creator.**
3. **In collaboration with social welfare and regional manufacturers, it offers new-style mementos and presents from Tokyo's manufacturing area, Taito City.**

The Sumidagawa River area, which includes Kachikura—spanning from JR Okamachi Station to Torigoe, Asakusabashi, and Kuramae—was a center of the manufacturing industry for hundreds of years, filled with factories and wholesale businesses. While this changed after World War II, young craftspeople are bringing back the town's former characteristics. This area—new, yet old—is represented by SyuRo. Inside one finds primarily goods made along with local craftspeople, like tent maker's machine-sewn bags comprised of scraps of cloth, and light fixtures dyed black by metal spinners. It also offers square cans "kakukan" in a variety of sizes made from materials such as tin, brass, and copper. SyuRo seeks to provide an opportunity for craftspeople to put their skills to use, continually working to support them. It's a driving force for revitalizing the old downtown area that brings in young people. (Hideto Shindo)

12

江戸趣味小玩具
仲見世 助六

東京都台東区浅草 2-3-1
Tel: 03-3844-0577
10時～18時　不定休
浅草駅6番出口から徒歩3分

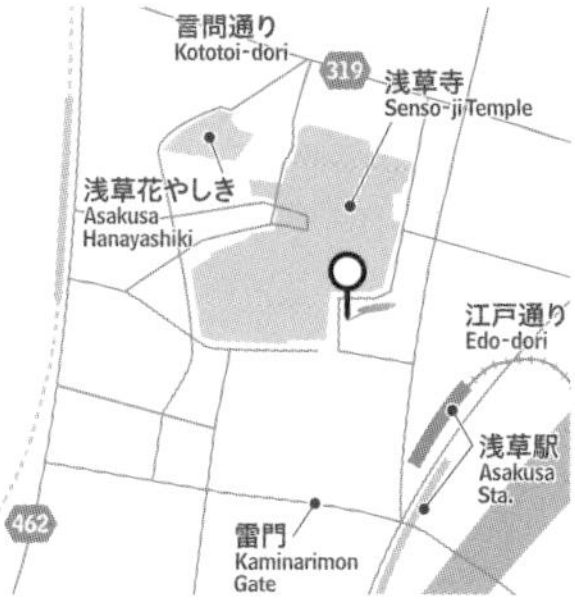

1. 浅草の職人による伝統工芸およそ3000点が買える。

日本中探しても、ここにしか売っていない、江戸豆玩具の店。

2. 日本で最も古い商店街「仲見世」で、五代続く本物の老舗。

雷門から約250m、世界中から訪れる客を、
極小スペースで160年もてなす。

3. 「赤ふくろう」「そろばん狸《だぬき》」――形、色、名前に込められた意味や洒落《しゃれ》。

土や紙、竹、岩絵の具などの天然素材で作った、掌《てのひら》サイズや指先サイズ。
その中には、健康や平和の願いが遊び心いっぱいに詰められている。

江戸人情が宿る小さな小さな玩具の店　浅草に出かけたのは、初夏の風物詩「浅草観音ほおずき市」の二日目。この七月一〇日は「四万六千日《しまんろくせんにち》お参りしたのと同じご利益」という縁起のいい日で、凄《すさ》まじい人出。江戸から変わらぬ盛況ぶりに圧《お》されつつ仲見世を歩いていくと、わずか一間ほどの店に江戸趣味小玩具がギッシリ並ぶ「助六」がある。一八六六年に開店。八代将軍吉宗の発布で大きくて贅沢《ぜいたく》な玩具が御法度になり、風刺や洒落をきかせた小さくて精巧な玩具を作るようになったのが始まり。職人を雇い、主に浅草で作る玩具は、この店にしかないものが殆《ほとん》ど。「直接的な表現は野暮。一拍置くからこそ粋だ」と五代目店主の木村吉隆さん。デザインに込められたものは「笑顔で元気に育って」という、親の子への願いが多い。狸は「他抜き」、フクロウは「不苦労」、鯛《たい》はもちろん「おめでたい」。ガラス棚にびっしりと並ぶ中で、この猫が好きだと僕が言うと、「そりゃ犬だよ」。「ざる犬」といって、犬のように安産で丈夫に育ち、かぶったざるは竹冠に犬と書いて「笑」の字のように笑顔で大きくなるように、と出産のお祝いなどに贈られる。江戸の伝統工芸を残す意味、それは、職人の高い技量だけでなく、人を想い遣《や》る人の心を東京に留め続けることだ。世界中から訪れる観光客に、誰かを想う気持ちの大切さを気づかせ、〝手にとって見せる唯一の〟店。僕も、自分の想いを込めた玩具を一つ買った。（空閑理）

Sukeroku

1. 3000 traditional craft goods made by artisans in Asakusa available for purchase
2. A truly established store that has been in business for five generations inside "Nakamise," Japan's oldest shopping arcade
3. Form, color and names of items such as "Red Owl" and "Abacus Raccoon" are full of humor and innuendos

Sukeroku is a small one-room store filled with Edo-style toys. The store opened in 1866. The eighth shogun Yoshimune promulgated a law forbidding large and indulgent toys and Sukeroku started as a shop that sold small and precisely made toys with humor and innuendos. Most of the items sold are made by artisans in Asakusa and are only available at Sukeroku. The store's fifth-generation owner Yoshitaka Kimura says, "direct expressions are dull. Style comes from connotations and innuendos." Many of the toy designs express parents' desires for their children to grow happily. Keeping traditional crafts from the Edo period means not only maintaining the highly sophisticated skills of the artisans but also keeping a sense of compassion in Tokyo. Sukeroku is the only store in Tokyo that sells toys that have the power to tangibly show tourists from all over the globe the importance of caring for someone. (Osamu Kuga)

13

国際文化会館ティーラウンジ ザ・ガーデン

東京都港区六本木 5-11-16
Tel: 03-3470-4611
7時～22時（L.O. 21時30分） 無休
http://www.i-house.or.jp/facilities/tealounge/
六本木駅3番出口から徒歩約10分

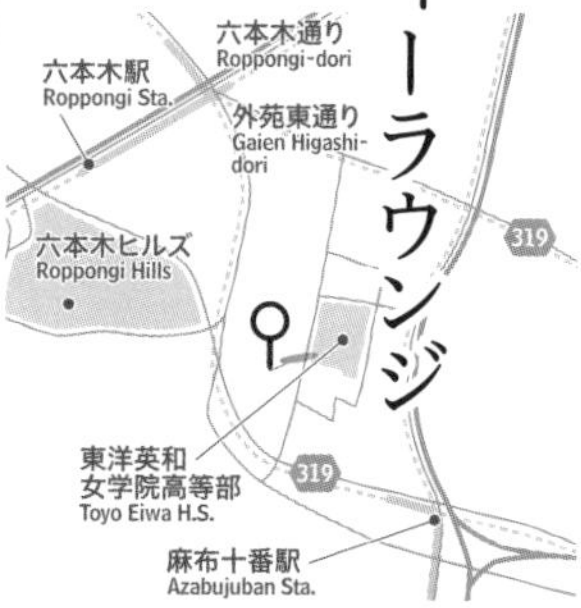

1. 前川國男《くにお》・坂倉準三・吉村順三、共同設計による名建築。
コンペで優劣が着かず実現した、オールスターの協力。
美しい庭園に調和するモダン登録有形文化財。

2. 国際都市・東京の、交流拠点としてのカフェ。
宿泊者の7割は海外から。インターナショナルな六本木らしい場所。
森美術館鑑賞後にお薦めの、ゆったり座れる穴場カフェ。

3. 名建築と歴史を残す、画期的な保存再生プロジェクト。
外観はそのままに、バス・トイレ完備など、居住性を高めた
グッドデザイン賞受賞建築。平和への願い、
国際相互理解増進を図り続ける国際交流空間のラウンジ。

歴史を刻む名建築、そのカフェ　延々と再開発が続く東京にも、古くからの土地が分断されずに残って、歴史を感じさせる場所がある。六本木の「国際文化会館」も、その一つ。江戸時代には大名が、以降は政財界の大物や皇族が居を構えた土地に建ち、一九三〇（昭和五）年に築かれた日本庭園が今に残る。旧館の完成は一九五五年。設計は前川國男・坂倉準三・吉村順三の、偉大な建築家三人による共同で、屋上緑化の背の低い建築が緑の庭園と調和して美しい。この会館は、二度と戦争を起こさぬよう、国境を越えて人と人とを繋《つな》ぐ場所として設立された。メモリアルなだけでなく、アクティブで在り続けるからこそ、意味がある。二〇〇六年に耐震補強とバリアフリー化の大改修を終え保存された建物は、現在も現役だ。会員制の施設だが、庭園を見下ろすティーラウンジ「ザ・ガーデン」は誰でも気軽に、朝食から利用できる。明るくて開放的。テーブルや椅子は長大作氏のデザインで、開業当初の復刻版。さまざまな国籍の人々が、会話したり新聞を読みながら、思い思いの朝を過ごしている。樹々が揺れ、鳥が鳴き、季節の花々が咲く。何気ないその様子に、日本は今はまだ平和で、伝統の美で世界中の人々をもてなすことができるんだと、ふと気づいて感動した。後継者たちが受け継ぎ続ける〝平和な〟空間と、その創設の想いを、熱いコーヒーと焼きたてのホット・サンドイッチを頬《ほお》張りながら感じられるカフェ。（空閑理）

The Garden

1. An architectural masterpiece co-designed by Kunio Maekawa, Junzo Sakakura, and Junzo Yoshimura
2. A café in the international city of Tokyo that is also a hub for cultural exchange
3. A groundbreaking preservation and revitalization project for a historical architectural masterpiece

The International House of Japan is located on property, where feudal lords lived in the Edo period and major figures of the political and business worlds and members of the imperial family later on. A Japanese garden created in 1930 remains. The International House of Japan was designed as a place to bring people of various nationalities together to ensure that no more wars would be fought. Although the facilities are open to members only, the tea lounge "The Garden," which looks down onto the Japanese garden below, is open to all and opens at breakfast time. The spaciously positioned tables and chairs are Daisaku Cho designs and are recreations of the originals used when the tea lounge opened. This is a café where one can enjoy the design and peacefulness of the space maintained by its successor while enjoying a hot cup of coffee and a sandwich. (Osamu Kuga)

14

バワリーキッチン

東京都世田谷区駒沢 5-18-7
Tel: 03-3704-9880
平日11時～24時　土・日曜、祝日10時～24時　無休
http://www.heads-west.com/shop/bowery-kitchen.html
駒沢大学駅駒沢公園口から徒歩約15分

1. 東京の、全国のカフェブームの震源地としてのカフェ食堂。

コーヒーからパスタ、シャンパン、日本酒までをデザイン性とカジュアルさで提供する新世代ダイナー的スタイルの先駆け。

2. 江戸・東京文化の原風景を持つ交流場所。

文京区の下町育ちの記憶にある、“主人を介してやりとりが生まれるスタイル”を山の手の住宅地で再現。多くの知り合いや機会を生んでいる。

3. 朝9時から翌午前4時まで営業のオープンさ。

東京に多く住むクリエイターの生活スタイルを意識した、地域密着型のオープンな喫茶店。

東京の原風景を持つカフェ　一九九七年頃、僕らは六本木の事務所から駒沢公園近くにある小さなカフェにほぼ毎日通っていた。いつも午前零時頃に着くと、決まって三〇人くらいの列が店の前を覆っていた。それがラーメン屋とかではなく〝カフェ〟であることが、どことなくゾクゾクさせた。当時、コーヒーも、ビール、ワイン、パスタ、デザートも食べられる深夜営業店といえばファミレスしかなかった時代に、未明四時まで営業。メニューには「東京の食堂」と、オーナーである山本宇一さんのお母さんの直筆でこの場所の意思表明をしている。東京を中心にカフェブームを生み出した震源地だ。自分の生き方をミュージシャンのディスコグラフィーに例えることが好きな宇一さん。「この店はファーストアルバム。だから、自分の好きな音を出した」と。基本となる考えも、こうだ――「世の中に何を食べてもタダ!!という店があったら、みんな集まるよね。でも、それはできないから、その次ならどんな店か」とつくった。珈琲はちなみに一杯三〇〇円、ポットだと七〇〇円。既に一五年目、人が集まるコミュニティーの基本は、オーナーがその場所にいること。クリエイターや文筆家たちのその溜《た》まり場は、宇一さんの気配を察して集まり、混ざり合い、多くの創造する人々を輩出した。今もそんな自意識と緊張感のある居心地よさに、遠方からも人が集まってくる。どこか〝東京の原風景〟のような場所である。（ナガオカケンメイ）

Bowery Kitchen

1. A Tokyo café diner that is also the epicenter of the nationwide café boom
2. A place where interpersonal exchange is created through the owner
3. Open from 9 a.m. until 4 a.m. the next morning

Around 1997, we traveled nearly daily to a small café near Komazawa Park from our office in Roppongi. At a time when the only businesses that served coffee, beer, wine, pasta, and dessert late at night were casual restaurant chains, Café Bowery was open until 4 a.m. Café Bowery was the epicenter of the Tokyo-based café boom. The owner Yamamoto likes to use the metaphor of a musician's discography to describe his life. "This café was my first album so I created a sound that I personally liked. If there were a restaurant that served food for free, everyone would eat there. I couldn't do that, so I tried to think of the next best thing." Already in its 15th year, Café Bowery is a communal space that draws people in because the owner is always there. Yamamoto's presence attracts many writers and other creative types, who feel at home and exchange ideas at the Café. Café Bowery is a social scene unique to Tokyo. (Kenmei Nagaoka)

15

どん底

東京都新宿区新宿 3-10-2
Tel: 03-3354-7749
月～金 17時～24時、土・日 11時30分～24時　無休
http://www.donzoko.co.jp
新宿三丁目駅 B2 出口から徒歩2分

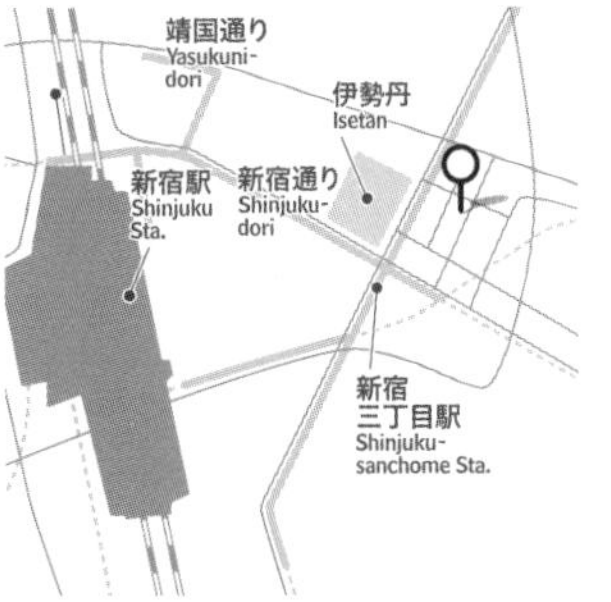

1. プロ・アマ問わず、集まってくる東京の芸術酒場。

空前の経済成長前の、夢を抱く者達がひしめく新宿に昭和26年開店。
芸術家、芸術を志す人々に影響を与えた街の顔。

2. 劇団舞台そのままの、活気と熱気がある空間と接客。

店名は「良心」と「ロマン」の作家ゴーリキーの戯曲に由来。
建築は大陸酒場風デザイン。薄暗く渾沌《こんとん》としていて、人間味を感じる店。

3. 「林さんのライス」「ドンカク（どん底カクテル）」。

それらが常連客のリクエストで生まれたエピソードは面白く、
食べると想像をはるかに超える美味さ。
「ドンカク」は焼酎をレモン果汁や炭酸水と割ったオリジナル。

芸術家たちに愛される〝新宿的〟酒場　「何んとも言えぬハリ切った健康な享楽場である」――新宿三丁目の外壁を蔦《つた》が覆う「どん底」を、三島由紀夫はこう評した。店を新装した一九五五年から、店内の様子は、ほぼ同じ。天井は低く、隣席との間隔は狭く、薄暗い照明は電球に空き瓶をかぶせた手製のランプ。埃《ほこり》だらけのキープボトル、年代物のアンプとスピーカー、そしてジャズ。きしむ階段を上り下りする地下一階から地上三階まで、全階にカウンターがある。基本的に同じ店員が中に立つから、顔を覚えて、同じ階に通ううちに、芯からくつろげる自分の居場所になっていく。店員は一見寡黙に見えるけれど、皆話好きだ。「ここは、働くスタッフもお客さんも、叶えたい夢を持っている人間が集まってくるから、お互い刺激や出会いがあるし、だから安心もできる」と三代目の現店長。毎晩盛況のバーが四軒も入居しているような状況なのに、焼き野菜も肉の煮込みもミックスピザも、数々の名物料理は小さな厨房《ちゅうぼう》一つで全部作る。そうしないとできない手作りの味、やみつきの味だ。そんな、ちょっと無茶な人間らしさが、雰囲気と渾然《こんぜん》一体となって、都心で真夜中まで開いている隠れ家として、人々を引き寄せる。雰囲気が濃すぎて、最初は少し入りづらいだろうが、一度知り合えばすっかり気を許すのも新宿らしさ。どん底は、ハッタリも建前も要らない、客達の等身大のつぶやきが耳に心地よい、〝天井桟敷《さじき》〟な酒場だ。（空閑理）

Donzoko

1. An artistic bar in Tokyo, where amateur and professional painters, actors, and musicians gather

2. A vibrant and spirited space and customer service that feels like a theatrical stage and performance

3. The unique and tasty famous "Hayashi-san's rice" and "Donkaku (Donzoko Cocktail)"

Donzoko has remained virtually unchanged since it was renovated in 1955. The dark lighting comes from homemade lamps comprising light bulbs covered by empty bottles. Jazz is played through the old amplifier and speakers. A squeaky staircase connects the different floors of Donzoko, which runs from the basement level to the third floor. Each floor has bar seating. The staff nearly always works on the same floor, so that once you start frequenting a specific floor, the staff remembers your face and the floor becomes "your place" that's thoroughly relaxing. The bar's slightly unreasonable, yet very human quality goes perfectly with the bar's ambiance. It draws customers in by acting as an urban hideout that's open until midnight. Donzoko is a place where one need not put on airs. It's a peanut gallery—like bar where the murmur of the other customers' conversations feels comforting. (Osamu Kuga)

16

BEER & CAFE BERG

東京都新宿区新宿 3-38-1 LUMINE EST B1F
Tel. 03-3226-1288
7時～23時　無休
http://www.berg.jp/
JR 新宿駅 東口改札から徒歩30秒

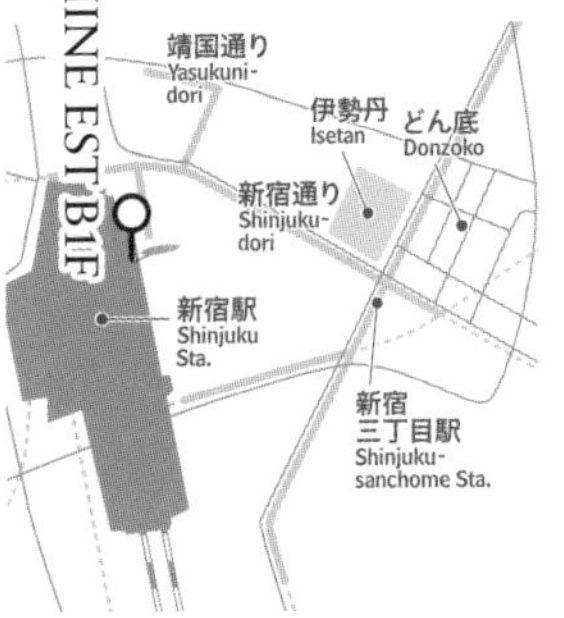

1. 大都会・新宿の通勤者がこぞって通う、唯一無二のカフェ&ビアバー。

JR 新宿駅改札出てすぐ、地下街にある小さなファストフード店。通勤や旅行、商談、モーニング、ランチと、利用方法自由自在。

2. 都市開拓に伴う移転問題を乗り越えた、都民に愛され続ける名店。

2008年移転反対運動に、約2万人のファンが署名。2012年営業継続、現在も連日1500人以上が利用。

3. 新宿出身の店長・井野朋也《ともや》さんの斬新奇抜な店内空間。

200以上のメニューやフリーペーパー「ベルク通信」、店内の壁面を利用した「新宿ダンボール村」などの写真展、もはやアートとも言える膨大な情報量。

都市型ファストフード店の鑑《かがみ》　JR新宿駅改札を出て、徒歩たった一五秒。朝から「BERG《ベルク》」はフル稼働だ。通勤途中のサラリーマンがモーニングを頼む中、「カンパーイ!」と生ビール片手に業界人らしき人たちが夜勤明けに打ち上げとして利用。年々減る駅構内の喫煙所代わりに、一杯二二〇円の珈琲を頼み、煙草《たばこ》を吸う人もいれば※、天然酵母のパンに蕎麦《そば》粉のブリンツ、大麦スープ、レンズ豆サラダ、ハム、パテのセットや、一〇種野菜の超ヘルシーカレーなど、ファストフードの域を超えた本格ランチを食べる人も。一日の終わりに、学生や外国人観光客もガヤガヤとごった返す活気の中の、ホットドッグもお薦め。そういう「BERG」の平和で雑多な空気感が僕は大好きだ。「早い」「安い」「美味《うま》い」だけの大手チェーンにはない、個人店ならではの魅力だ、と店長の井野朋也さんは語る。日替わり黒板メニューや純米酒、月替わり自然派ワイン、書籍や雑貨コーナー、壁面を利用した写真展、二〇一二年には、今も店内で使う木工作家・田島燃《たしまねん》氏の椅子の個展を開催。一日の乗降者数三〇〇万人超（世界一!）の新宿駅で、多くの利用者がいる「BERG」だからこその創意工夫と、生活リズムを感じられる人間味がある。それはある意味、様々な文化が交錯する雑多な東京らしいデザインでもある。わずか一五坪の店で、活発に動き回る総勢四〇人ものスタッフも魅力的。百人百様の人たちに愛される、自由闊達《かったつ》な大都会・新宿の〝文化遺産的ファストフード店〟。（神藤秀人）

BEER & CAFE BERG

1. A unique café & beer bar that is the go-to place for Shinjuku commuters.

2. This famous shop continues to be loved by Tokyo residents as it overcame reloca-tion problems due to urban development.

3. The shop interior is filled with novel ideas of the manager Tomoya Ino, a native of Shinjuku.

Business at BERG is already in full swing early in the morning. While office workers on their way to work are ordering breakfast, entertainment industry workers are raising their beer mugs with a rousing chorus of "Cheers!" as they use the café as a pub to re-lax after finishing their night shift. With the smoking areas within train stations getting fewer by the year, some customers order a 210-yen cup of coffee and use the café as a smoking place. And some customers go there for a wholesome lunch as the menu sur-passes the quality of fast food. BERG has a unique appeal not found in ma-jor fast food chains that are merely cheap, fast and tasty, says the manager Tomoya Ino. The café also organizes photo exhibitions using the walls. In 2012, there was an exhibition of chairs made by wood craft artist Nen Tashima, which are still used in the cafe today. All these unique creative ideas make BERG a popular haunt in the heart of Shinjuku Station which handles more than 3 million passengers a day .（Hideto Shindo）

※現在は全面禁煙

17

Nui. HOSTEL & BAR LOUNGE

東京都台東区蔵前2-14-13
Tel. 03-6240-9854
1泊1名4,000円～(税込)
http://backpackersjapan.co.jp/nuihostel/
蔵前駅 浅草線 A2出口
大江戸線 A7出口 徒歩約3分

1. 世界中から観光客が訪れる東京下町の、デザインある大型ゲストハウス。

100床ある客室は連日満室。地元の問屋の革材や、北海道の木材などを使って、約300年の歴史を持つ玩具店の倉庫を改築。

2. 10か国以上の人々が交流する国際的バーラウンジがある。

泊まらずしても訪れたい、宿泊客以外にも開かれた自由度の高いラウンジ。

3. 浅草寺《せんそうじ》や両国国技館も徒歩圏内。隅田川流域の観光拠点。

「駒形どぜう」、両国ちゃんこ鍋、月島もんじゃなど、東京の名店が犇《ひし》めくエリアにある。レンタサイクル「トーキョーバイク」の貸し出しもあり。

東京の新しい文化交流のかたち　年間の観光者数五億人を超える東京。外国人観光客も年々増え続け、特に上野や浅草など観光名所のある台東区は、バックパッカーをターゲットとしたゲストハウスが数多くある下町エリア。東京スカイツリーを隅田川越しに望む蔵前地区には、二〇一二年に開業した「Nui.《ヌイ》 HOSTEL & BAR LOUNGE」がある。一階は、一般客も利用できる大きなラウンジで、玩具店の荷捌《さば》き場を改装した空間。銭湯の番台のようなコンパクトなフロントに、イシナラ、タモ、キハダの三つの大木を繋《つな》いだバーカウンターなど、ほとんどが手づくり。ジョギング帰りの台東区民、ビジネスで出張中の大阪府民、浅草寺のご祈禱《きとう》帰りのアメリカ人、国技館に相撲を見に行く中国人、黒いヒジャブをまとったマレーシア人など、宿泊客を含めると一〇〇人以上、その国籍は一〇以上(出身地別だとほとんど違う)。目的は何にせよ、このラウンジを利用し、朝八時から深夜一時まで、様々な言語が飛び交い、夜にはさらに活気が溢《あふ》れ、人も入り混じり、下町にいるのに都会的。重厚な業務用エレベーターで客室フロアへ上がると、コンクリート壁のモダンな空間。窓から隅田川に屋形船が見える素敵な眺めの部屋もある。世界中の人たちが、旅する拠点として利用されるゲストハウスの中でも、人情の町・江戸の文化が色濃く残る下町で、日本と海外とがカジュアルに混ざり合う〝異文化交流の場〟。これは、「Nui.」が作った、国際都市・東京の新しい在り方なのだ、と僕は思う。(神藤秀人)

Nui. HOSTEL & BAR LOUNGE

1. A large designer guesthouse in Tokyo's old downtown area used by tourists from around the world.
2. Features an international bar and lounge at which people from various countries interact.
3. A sightseeing hub for Tokyo's Sumidagawa River area in walking distance of Sensoji Temple.

Taito City is famous for its tourism spots like Ueno and Asakusa. It's part of the old downtown district, and features many guesthouses for backpackers. In the Kuramae area, from which you can see Tokyo Sky Tree from across the Sumidagawa River, one finds "Nui. HOSTEL & BAR LOUNGE." The first floor is a large lounge which can be also used by non-guests. It's a renovated merchandise handling area of a former toyshop, almost all handmade. For example, near the compact front desk, which resembles the watchman's seat of a public bath, there's a bar counter made from three large trees: Konara oak, Japanese ash, and Amur cork. In this lively lounge—open from 8:00 AM to 1:00 AM—they mingle together, many languages filling the air. Even though you're in the old downtown, it has a cosmopolitan feel. Going upstairs, one is greeted by a modern space with concrete walls. There are rooms from which one can see charming houseboats on the Sumidagawa River. (Hideto Shindo)

18

山の上ホテル

東京都千代田区神田駿河台1-1
Tel: 03-3293-2311
1泊2食付き1名 39,000円～（税・サービス料込）
http://www.yamanoue-hotel.co.jp/
JR御茶ノ水駅 御茶ノ水橋口から徒歩5分

1. 昭和の初めの、ヴォーリズ建築に泊まれる。

アメリカ人建築家ウィリアム・メレル・ヴォーリズの
代表作の一つ。美しいホテル。

2. 三島由紀夫、池波正太郎も定宿としていた。

世界屈指の“本の街”神田神保町にも、すぐ。
川端康成、井上靖、檀一雄、松本清張、吉行淳之介、
小林秀雄たちに愛された。

3. チェックイン時はほうじ茶を。日本旅館のホスピタリティーもある。

「『株式会社山の上ホテル』というよりは、『吉田商店』」と、支配人。
創業者・吉田俊男が築いたホテルの在り方を愛するスタッフが働く。

カンヅメになりたいホテル　神田駿河台の丘に建ち、周辺に出版社が多かったことから、小説家たちが定宿にした「山の上ホテル」。ロビーはカフェとして利用でき（土・日・祝日のみ）、〝お客様〟というより〝ご近所さん〟の憩いの場。肩肘張らないリラックスした雰囲気だ。二〇一三年には六〇周年を迎えた老舗だが、室温は適切、空調の音もタバコの臭いもなく居心地は抜群だ。クラシカルなタイル装飾や絨毯《じゅうたん》、日英併記のタイポグラフィ、椅子やテーブルなど、どれも素敵。色もいい。ぐっすり眠って目覚めた時、部屋の静かさにすっかり融《と》け込んで、自分が〝山の上の一部〟になっていることに気づく。格別な朝だ。ヴォーリズが設計した建物は、竣工は一九三七（昭和一二）年。造形は美しく、眺望もいい。太平洋戦争時は日本海軍に、戦後はGHQに接収された後、一九五三年に実業家の故吉田俊男が受け継いで、翌年ホテルを開業。愛称だった「HILLTOP（丘の上）」を、風情を込めて「山の上」と訳した。デスクでゆったりチェックインしていると、すぐにほうじ茶が運ばれてきたり、雪の日は従業員が率先して一晩中周辺の坂道の雪かきをしたり、旅館が持つ〝もてなしの心〟を大切にするホテル。そんなホスピタリティーを「旅《りょ》テル」と冗談まじりに表現した粋な創業者の想いを、全三五室の隅々まで、脈々と受け継ぐその有り様に、文化人も旅人たちも惚れ込むホテル。（空閑理）

Hilltop Hotel

1. **Your chance to stay in a Vories building from the early Showa period**
2. **Yukio Mishima and Shotaro Ikenami stayed here regularly**
3. **Hospitable like a traditional Japanese inn, the hotel serves guests hojicha tea as soon as they check in**

Many novelist frequented the "Hilltop Hotel," which is located on the hills of Kanada-Surgadai, a neighborhood in which there were many publishers. Celebrating its 60th year in 2013, Hilltop Hotel is well established, but very comfortable. Its rooms are temperate and free of tobacco odors and its air conditioners are quiet. In 1953, the entrepreneur Toshio Yoshida acquired the building and opened it as a hotel in 1954. The hotel values the classic "spirit of hospitality" that traditional Japanese inns are known for. Guests are served hojicha tea as soon as they arrive in their rooms and employees stay overnight at the hotel on snowy days to shovel the snow off the surrounding hills. Culturati and travelers alike are bound to fall in love with the stylish spirit of the hotel founder, which every corner of the 35 rooms buildings carry on.（Osamu Kuga）

※2024年2月13日より休館予定。

19

hanare

東京都台東区谷中 3-10-25
Tel. 03-5834-7301
1泊朝食付き1名16,000円～（税込）
https://hagiso.com
千駄木《せんだぎ》駅2番出口から徒歩5分

1. 東京下町「谷根千《やねせん》」全体を使った“町に住む”を疑似体験できる。

宿泊棟は、町に残る築50年の空き家をリノベーション。夕食は谷中銀座、大浴場は銭湯、お土産は小さな店が点在する裏路地「へび道」へ。

2. 藝《げい》大生の下宿先アパートを改築した文化複合施設「HAGISO」がフロント。

カフェやショップを併設し、ギャラリーやレンタルスペースでは、藝大生のアート作品展をはじめ、様々なイベントを開催。

3. 建築設計は元アパートの住民・東京藝術大学の卒業生。

同建物内に入居する建築事務所「HAGI STUDIO」が運営。
イタリアの「アルベルゴ・ディフーゾ（分散型ホテル）」にアジア初認定。

町に立ち姿を残す宿

建物がなくなると、何があったのか思い出せない。記憶喪失のようだと建築家の宮崎晃吉《みつよし》さんは話す。寺社仏閣に囲まれた谷中・根津・千駄木は、風情ある路地、昭和の趣を残す建物が点在する町。一方、大通りでは賃料の高騰で昔ながらの店が姿を消し、町の景色が変わることを憂う人も多い。宮崎さんが藝大時代から下宿した「萩荘」の解体が決まったのは二〇一一年。同じ頃、通いなれた銭湯がなくなった。せめてセレモニーをと、卒業生たちと「萩荘」でアートイベントを開催。一五〇〇人が訪れ、建物の価値が見直されて解体は中止に。自らリノベーションと運営に乗り出し、ギャラリーとカフェを併設する「HAGISO」として生まれ変わらせた。第二弾は、宿泊棟「hanare」だ。築五〇年の木造アパートの瓦屋根を鉄板に葺《ふ》き替えて耐震性を高め、もともとあった型ガラスが際立つよう、窓に合わせて床を高くした。琉球畳の上には布団と重箱がひとつ。それ以外、何もない。だからこそ快適だ。町をホテルに見立て、レセプションと朝食は一〇〇メートル先の「HAGISO」で、大浴場は銭湯、風呂上がりは「よみせ通り」でクラフトビールを一杯。初音小路《はつねこうじ》や団子坂《だんござか》上の居酒屋をハシゴするのもいい。宿泊客に地元の人が通う店を載せたマップを配り、夜閑散としがちな町の活性化も図る。「HAGISO」には、「昔ここに住んでいた」と訪れる老夫婦もいるそうだ。形は変われど愛しい建物の立ち姿を残すこともデザインかもしれない、と思った。（鈴木徳子《のりこ》）

hanare

1. Experience life in the Yanesen area of Tokyo's old downtown.
2. The cultural complex HAGISO, a renovated former lodging facility for Tokyo University of the Arts students, serves as the front desk area.
3. Architectural design by a Tokyo University of the Arts graduate that lived in one of its apartments.

The temple and shrine-filled Yanesen area—comprised of Yanaka, Nezu, and Sendagi—features charming streets and old-style buildings. In 2011 it was decided that the old Hagiso, where Mitsuyoshi Miyazaki had lived since he was a student, would be torn down. He took it upon himself to renovate and manage the building, and turned it into the gallery and cafe HAGISO. The second stage of his project was creating the lodging facility "hanare." The wooden apartment building was fifty years old, so he increased its earthquake resistance by replacing the roof tiles with iron plates, and raised its floors so that its old figured glass would stand out. On the floors of its tatami rooms, one finds only a futon and jubako box. Using the town as a hotel, nearby HAGISO serves as the reception and breakfast area, and the local public bath as the communal bathing facility commonly found in Japanese hotels. Guests are given a map of restaurants and shops frequented by locals in the hopes of revitalizing the area, which tends to be quiet in the evening. (Noriko Suzuki)

20

パーク ハイアット 東京

東京都新宿区西新宿 3-7-1-2
Tel: 03-5322-1234
1泊1名 158,325 円（税・サービス料込）
http://tokyo.park.hyatt.jp/
新宿駅西口から徒歩約12分

1. あらゆる意味で、最も東京らしい、東京人も愛するホテル。

国際都市・東京を感じる、“アクセスのよさ”だけでは割り出せない、徹底的に完成された美とサービスを維持していくスタイル。

2. 香港在住のアメリカ人建築家ジョン・モーフォード氏によるインテリアデザイン。

ニューヨーク的洗練・アートの中に、アジアの温かな居心地を持つ。

東京人が最も行きたいホテル「パーク ハイアット 東京」が〝東京を代表するホテル〟だと上手に説明できる人は、なかなか少ない。世界的な格付けやトレンド誌などで取材された美しい空間も食事も、すべて真実。そうしたホテルの機能としての最上質を備えていながら、例えば、立地や感覚に対する考え方が違う。パーク ハイアット 東京には「タイムレス」という考え方がある。〝新しさ〟を加え続けるのではなく、維持し続ける。客室を含む空間のほとんどは、ほぼ開業時のまま。ホテル内の日本料理「梢《こずえ》」もダイニング「ジランドール」も、これからも変わらないだろう。ホテル内には、ほとんど案内表示がない。その代わりが絵画や生花であり、スタッフが直接案内してくれる。インテリアはジョン・モーフォード氏による意思あるクリエーション。NYの洗練とアジア的温かさを併せ持ち、新都心の高層ビル街区という決してアクセスがよいとは言えない立地で、手間暇のかかるもてなしやクリエーションを完成させ、それを持続させるという美意識に、日本の「物を長く使い続ける姿勢」が重なって支持されている。つまり、人や物を大切にする意思が、このホテルの魅力だ。ハイアットは世界中にある。しかし、その国の都市のらしさを考え抜き、立地を含め、「変わらない価値」として完成させることで、結果として、誰よりも東京らしくなる。そして、四季の豊かさをも、実感させてくれる。（ナガオカケンメイ）

Park Hyatt Tokyo

1. **Loved by both locals and visitors, Park Hyatt Tokyo exemplifies Tokyo style hospitality**
2. **Interior design by John Morford, an American architect based in Hong Kong**

The concept behind Park Hyatt Tokyo is "timeless". The original design of its space, including the guest rooms, remains the same since its opening. Their policy is to maintain the "freshness" instead of continuously adding something new. There are no signs in the hotel. In their place are carefully chosen artwork, artifacts and fresh flowers. The staff is readily available to guide their guests. John Morford has purposely created a place which combines New York sophistication with Asian warmth. The hotel is loved for its commitment to hospitality and beauty, and to their continuality. This is reminiscent of the Japanese value to use something for long periods. The Hyatt Hotel has presence around the world. However, by carefully examining what it means to be urban in each city where it presides, and by holding on to its unwavering value, it is, simultaneously, the ultimate Tokyo hotel. (Kenmei Nagaoka)

※2024年5月7日チェックアウト後より、改修工事のため全館休業。リニューアルオープンは2025年予定。

トゥイン

山田 節子

1.「東京生活研究所」“松屋銀座内研究所”的視点。

高度経済成長など、激しい経済変動の生活の中で、
百貨店松屋銀座を舞台に、日本人らしいデザインを提案。

2. 女性として母として語る、本質ある生活デザイン。

食や季節、生活などを女性にアプローチし、多くの女性に
デザインへの関心を持たせ、また男性もそれから多大な影響を受けた。

3. 地域の伝統産業に、しかるべき進化の指導をする。

福島県のメーカー「アルテマイスター」など、伝統工芸や、産業に、
どうデザインを取り込み、本質を伝え続けられるかの指導者。

日本に今、もっとも必要なデザインプロデューサー「今、誰にデザインを学びたいか」と訊《き》かれたら、僕は「山田節子さん」と答える。その理由は「嘘《うそ》がないデザイン」の有り様を知っているからだ。大学卒業前後は柳宗《そう》理《り》事務所の研修生。一〇〇〇円の材料費で全員の昼食などをつくっていた当時、「自分でやるべきことを、自分で見てこい」と言われ、単身バルセロナへ。そこで「ガウディの作品はスペインの風土があったから生まれた」と実感し、〝日本の風土〟に強く興味を持った。縁あって松屋銀座に出入りし、「売り物でない物を売る、それがバイヤーだ」と、基礎を叩き込まれ、岡本太郎、剣持勇らの創設による「日本デザインコミッティー」にも、大いに「もの」の在り方を学んだ。山田さんの基本は、「日本人の伝統生活」にある。器は「料理をちゃんと受け留めるもの」だし、色や形の意味も基本はそこだ。もし山田さんが松屋銀座を舞台に生活提案をしていなかったら、日本の生活は、こんなにも劇的な進化はしなかっただろう。彼女の肩書きは「コーディネーター」だ。しかし、その本質は明らかに、これからの日本人に実践してほしい、デザインと日本と生活である。彼女が進化させたもの――着物、日本の色、働く女性のデザイン、食のデザイン、遊び方……。デザインがいつの間にか「うわべの造形」に落ちてしまった今、彼女の生み出すデザインには、根源的な〝日本の本質〟がある。（ナガオカケンメイ）

Setsuko Yamada

1. Perspective of Matsuya Ginza's in-house "Tokyo Lifestyles Institute"
2. Living design with substance discussed as a woman and mother
3. Leading local traditional industries to apposite evolution

If someone were to ask me whom I would want to teach me about design today, I would answer Setsuko Yamada because she knows what "honest design" is. Yamada worked as a trainee at Sori Yanagi Office after graduating from university. Told to "go find what it is that you should do with your life," she traveled alone to Barcelona. There, she had the realization that "local Spanish culture gave birth to Gaudi," and the thought triggered a strong interest in Japanese culture. Yamada's foundation is "the traditional lives of Japanese people." She learned much about "objects" from the "Japan Design Committee," founded by the artist Taro Okamoto and industrial designer Isamu Kenmochi. All of Yamada's designs, ranging from kimonos and Japanese color to women's designs and food designs to methods of playing, incorporate a primordial "essence of Japan." (Kenmei Nagaoka) d22

ヘッズ
山本 宇一

ロータス
東京都渋谷区神宮前 4-6-8
Tel: 03-5772-6077
11時～23時　無休
http://www.heads-west.com/shop/lotus.html
表参道駅 A 2 出口から徒歩約10分

1. 全国的なカフェブームの仕掛人。

全国に、カフェの可能性や夢をプレゼンテーションした仕掛人。

2. 自身が顔を出せない場所に店をつくらないという、コミュニティーづくりの手本の実践。

国道246を軸に全店を行き来して、
そこに集まるクリエイターたちと対話するスタイル。

3. 東京のキーワードをさりげなく提示する人。

自身でプロデュース、経営する場所の中に、
こっそりと東京に必要なキーワードを埋め込む名人。

さりげなく、東京に住むキーワードをくれる人〝粗削りのファーストアルバム〟と本人が言う、朝九時から翌未明四時まで開いている東京駒沢の食堂「バワリーキッチン」（一九九七）。次の店はセカンドアルバムをイメージした表参道裏の「ロータス」（二〇〇〇）。東京駅周辺の再開発で生まれた新丸ビルにはレストラン「SO TIRED（へとへとに疲れたよ）」（二〇〇七）と、先端ビジネスビルでもチャメっ気。それら一〇店舗をミュージシャンのディスコグラフィーに例えるのが大好きな、オーナーでありプロデューサーでもある、山本宇一さん。店の場所は一日に全店行き来できる国道二四六号線を強く意識している。「時速六〇キロで二四六を移動して、時速四〇キロの脇道に曲がった所に店をつくる」――ユニークだ。つまり、自分が毎日顔を出せない所には店はつくらない。下町で育ち、「対話のある界隈性」の魅力をよく知っている。そして、東京に住み、集まってくるクリエイターたちと対話するのが大好き。〝宇一流〟とは、あくまで店はきっかけで、追求するのは交わり。店を毎日巡り、お客に声をかけ、時には隣に一緒に座り、コーヒーを一杯注文し、最近あったことを話す。自分の店を通じ、無理なく自分という人間がそれらを繋《つな》ぎ続けることで、絵空事ではない、強くてリアルな意識の輪で〝東京が次に進むためのベース〟をつくっている。宇一さんの創る場所のどれもこれもに、宇一さんの人間性が感じられる。（ナガオカケンメイ）

Uichi Yamamoto

1. **The man behind the nationwide café boom**
2. **A man who has set an example for community building by only running businesses where he can be present**
3. **A person who subtly suggests key ideas for Tokyo**

"Bowery Kitchen," which Uichi Yamamoto opened in 1997, is located in Komazawa, Tokyo and open from 9 a.m. to 4 a.m. He calls it his "rough-around-the-edges first album." He considers "Lotus," which he opened in Omotesando in 2000, his two-LP second album. In 2007, he injected a sense of humor into the leading business building Shin Maruouchi, which opened as a part of the redevelopment of the area surrounding Tokyo Station, by opening the restaurant "SO TIRED" in 2007. He has intentionally opened all of his businesses along Route 246, so that he can travel between all of them in one day. In other words, he does not open establishments that he cannot visit daily. Uichi has produced very real "bases for Tokyo's next evolution" by effortlessly creating businesses that function as catalysts for his primary goal: the exchange of ideas. (Kenmei Nagaoka)

23

ウェルカム

横川 正紀

シボネ
東京都渋谷区神宮前5-10-1 GYRE B1F
Tel: 03-6712-5301
11時〜20時　不定休
http://www.cibone.com
明治神宮前（原宿）駅 4番出口から徒歩3分

1. デザインの新しい発表の場「デザインタイド トーキョー[※]」仕掛人の一人。

東京に「大規模」でも「小規模」でもない新しいサイズ感で、デザインのお祭りをつくった中心人物。

2.「DEAN & DELUCA」などの展開で、世界や日本の食文化を東京より発信する。

「ローカルMD」の発想を、世界を代表するブランドで実践し、ビジネスとして成功させている。

3. 東京生まれ、国立《くにたち》スタイル。

人と人の繋《つな》がりを体感しながら育ち、その大切さを、すべての活動の基軸に置くスタイル。

街に最適なサイズのクリエーションを考える人　横川さんとは二年周期くらいで会っている。その度に感じる――順を踏んで鍛え、試合に臨む競技者。外食革命を起こした父の傍らで育ち、その勘とデザインへの強い好奇心でインテリアショップを起業。猛烈に勉強し、常に形を変え、「CIBONE」という〝都会っ子の店〟を生む。若いクリエイター仲間を信じてつくったそこを基地に、東京での役割を意識しだす。自分のルーツは国立だと言う。国分寺と立川に挟まれ、四〇年も前から有機野菜のスーパーがあったりする場所。「自分たちの街」を強く意識するスタイルは、大学時に住んだ京都に似た、面倒なくらいに人との繋がりを重んじる意識と混ざり合い、横川正紀スタイルとなっている。「食の喜び」をテーマとするニューヨークの老舗「DEAN & DELUCA」を日本で展開し始めた時も、そのアイデアを仲間たちと一緒に日本流にアレンジしていった。ロスのシルバーレイクにある小さなカフェが、次々と隣の空き家を花屋や素敵な服屋にしてストリートを、ブロックを、変えていった話が大好きな彼。街の表情を生かしながら、東京の大きな潮流に押しつぶされない、でも、大きくない組織で〝東京に自分の絵を描いて〟いる。大企業を振り向かせた「デザインタイドトーキョー」（二〇〇五〜）のような新しいサイズ感のビジネスで東京を進化させることを、総合的に超センスよくやりのける人を、彼以外に探すのはとても難しい。（ナガオカケンメイ）

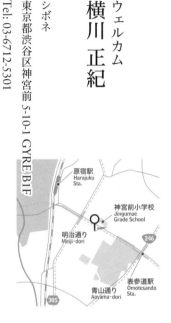

Masaki Yokokawa

1. One of the people behind "Designtide Tokyo," a new place to publicize design※
2. Disseminating Japanese and global food culture from Tokyo by carrying out "Dean & DeLuca" and other stores
3. Born in Tokyo with Kunitachi style

Having grown up with a father who revolutionized the food service industry in Japan, Yokokawa used his intuition and strong interest in design to launch an interior design shop. He says that his roots are in Kunitachi. The Kunitachi style of being very conscious of "our city" is similar to what he experienced in Kyoto, where he went to college. He has made the Kunitachi style, mixed with an almost obsessive awareness and valuation of interpersonal connections, his own. When he opened the established New York upscale grocery chain Dean & DeLuca in Japan, he arranged, with his friends, the chain's concept to better match the Japanese context. Using Tokyo's unique qualities, Yokokawa paints his own "pictures" in the city through a business entity. Few have the superior overall sensibility and ability to successfully help Tokyo evolve with new businesses of a unique size, such as Designtide (established in 2006), which drew attention from large corporations. (Kenmei Nagaoka)

※現在は活動終了。 Deigntide Tokyo currently has no activities.

6次元
ナカムラクニオ

6次元
東京都杉並区上荻 1-10-3 2階
イベント開催時のみ営業　不定休
http://rokujigen.blogspot.com/
JR 荻窪駅西口から徒歩3分

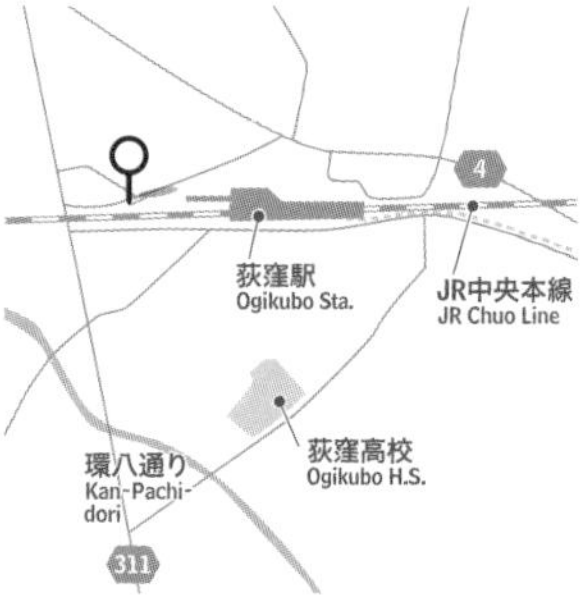

1. マスメディアの第一線にいた経験の反動で「6次元」をつくった主人。

中央線文化にある「アニメ系」「オトメ系」「文学系」「演劇系」「美術系」をバランスよく継承する、新しいメディアをつくった。

2. 進化する江戸っ子として誰でも広く受け入れる。

せっかちで世話焼き。縄張りにこだわり、なんでも修理して使い、人はみんな仲間で、物事を進めるスピードに執着する、進化した江戸っ子スタイル。

3. 東京の大いなるネタ元。

人間や日本の地域の本質的な魅力を伝えるための、経験に培われたアプローチの仕方は、まさに、これからのマスメディアのネタ元。

彼が主宰する不思議な場所「6次元」は、もはや東京の、東京らしい新種のメディアである 偏ったような数百冊のブックコーナーは、静かにここに集まってくる人々の心を映し出したセレクト。飲み屋ともカフェとも言えるメニューは、第一線で活躍する様々な常連の内心の化粧を落とし素顔にしてしまう。ここの主人・ナカムラクニオさんは、目黒区生まれの江戸っ子。大学卒業後、テレビの世界に入り、モーニング娘的な超売れっ子を商品として様々な企画をする。その後の物を鑑定する番組で、日本中の昔から続く価値や、陶芸の世界を知り、NHKの旅番組で日本中の小さな土地の魅力を知り、荻窪のお寺の横、神社の前にあった「ひなぎく」というカフェの後を継ぐ形で自分の場所としていく。看板の文字は著名デザイナーのもの、内装の一部は「ミナ ペルホネン」に手伝ってもらった。ナカムラさんの経験と中央線文化が化学反応を起こし、本人曰《いわ》く「第一次、第二次、第三次産業を足したら六次元化でしょ」。不定期の割れた茶碗を持ち寄り金や銀で継ぎ合わせる「金継ぎナイト」では店には身動きが取れなくなる程に人が集まる。「人が集まる〝村〟のようなものをつくりたい」「みんなの心の内にある店」を目指し、外に出していた看板を仕舞って営業を始める。マスメディアの事実上崩壊の音を直に聞いた立場で、その正反対とも言える、まっとうで現実的なメディア「ナカムラクニオ」に今日も人が集まってくる。（ナガオカケンメイ）

Kunio Nakamura

1. The man who created the "sixth dimension" as a backlash against his experiences at the forefront of mass media
2. As an evolved Edo local, Nakamura accepts people of all types
3. One of Tokyo's greatest sources for media stories

"Rokujigen" (6th dimension) is a new type of media unique to Tokyo. Its idiosyncratic collection of several hundred books has been selected to reflect the minds of those that quietly gather at Rokujigen. Somewhere between a bar and café, it makes its regulars, who work at the forefront of various industries, reveal their true feelings. Its owner Kunio Nakamura entered the world of television immediately after graduating from university and was responsible for planning many hit products in the industry. Turned on to long existent Japanese values and the allure of small towns, he took over what was formerly a café called "Hinagiku" located across from a shrine in Ogikubo and opened Rokujigen. Nakamura, who experienced the collapse of Japanese mass media firsthand, has become a medium himself, albeit an honest and realistic one, to draw people daily into the "sixth dimension."
(Kenmei Nagaoka)

東京の一号店を訪ねて

ドトールコーヒーショップ 原宿店

A Visit to Tokyo's First Ever: Doutor Coffee Shop Harajuku

DOUTOR

一九六二年、コーヒー豆の焙煎卸会社として創業●ドトールコーヒーという社名は創業者・鳥羽博道氏がコーヒーに関するノウハウを学ぶために住んでいたブラジルの「ドトール・ピント・フェライス通り」に由来●パリやドイツのカフェスタイルに感銘を受け、一九八〇年、〝さり気なく小粋〟をコンセプトに原宿に一号店を出店●当時、一杯一五〇円のブレンドコーヒーを二〇〇〇円のボーンチャイナのカップで出すことにこだわった●ジャーマンドックは、改良を重ねたオリジナルメニューでコーヒーにマッチする味わい●当時も今も、毎日でも通える価格で美味しいコーヒーを楽しめる〝街角のドトール〟

Hiromichi Toriba founded Doutor as a coffee roasting company in 1962. Toriba named the company after Doutor Pinto Ferraz Street in Brazil, where he once lived while learning the know-how on coffee. Inspired by the style of Parisian and German cafés, Toriba opened the first Doutor Coffee Shop in Harajuku in 1980 with the concept of "cool and stylish." At the time, Toriba was determined to provide his customers a sense of luxury by serving ¥150 cups of blended coffee in ¥2000 bone china cups. The recipe for Doutor's special "German Hot Dog" has been repeatedly improved to go perefctly with coffee. Today, as then, Doutor is a place where one can enjoy a delicious cup of coffee for an everyday price.

ソニー

東京のロングライフ・コーポレート・マーク　かわるかわらない

Long-Life Corporate Logo in Tokyo Changing,
Unchanging: Sony Group Corporation

Sony

1955

SONY

1957

SONY

1961

SONY

1962

SONY

1969

SONY

1973

long
life
design

写真は株式会社ヤクルト本社の
看板商品「ヤクルト」です。2013年、
商品リニューアル。1本52円

ロングライフデザイン・ケーススタディ　22

ヤクルト本社のヤクルト

2008年ロングライフデザイン賞受賞

長く売れ続けている「デザイン性の高い商品」の一つ一つには、「長く売れ続けるデザイン以外の理由」があります。株式会社ヤクルト本社の「ヤクルト」は、一九三五年に生まれた乳酸菌飲料。衛生状態の悪さから多くの人が感染症に苦しんでいた当時、医学博士の代田《しろた》稔が病気になってからの治療ではなく、予め病気にかからないようにする方策として、生きたまま腸内に到達して働く「乳酸菌 シロタ株」を発見、毎日手軽に摂取できる「ヤクルト」を開発。「世界の人々の健康を守る」を理念に、宅配、対面販売で、地域に密着して届けているのも、ロングセラーとなっている、もう一つの理由です。（田中真唯子《まいこ》）

※写真は2008年ロングライフデザイン賞受賞時のパッケージデザイン

Long-Life Design Case Study　22

Probiotic beverage "Yakult"　Highly designed long-selling products are also supported by "non-design reasons contributing to long-lasting sales." Yakult's namesake product is a probiotic beverage that was born in 1935. The medical doctor Minoru Shirota developed "Yakult" as a way for consumers to take in the "friendly bacteria" casually and on a daily basis. Another reason Yakult has become a long-selling product is the home delivery and face-to-face sales system. (Maiko Tanaka)

Good Design Long Life Design Award Winner 2008

The photograph shows a bottle of "Yakult," which currently sells for ¥52.

すみだモダン

東京都の街にあるフライヤー

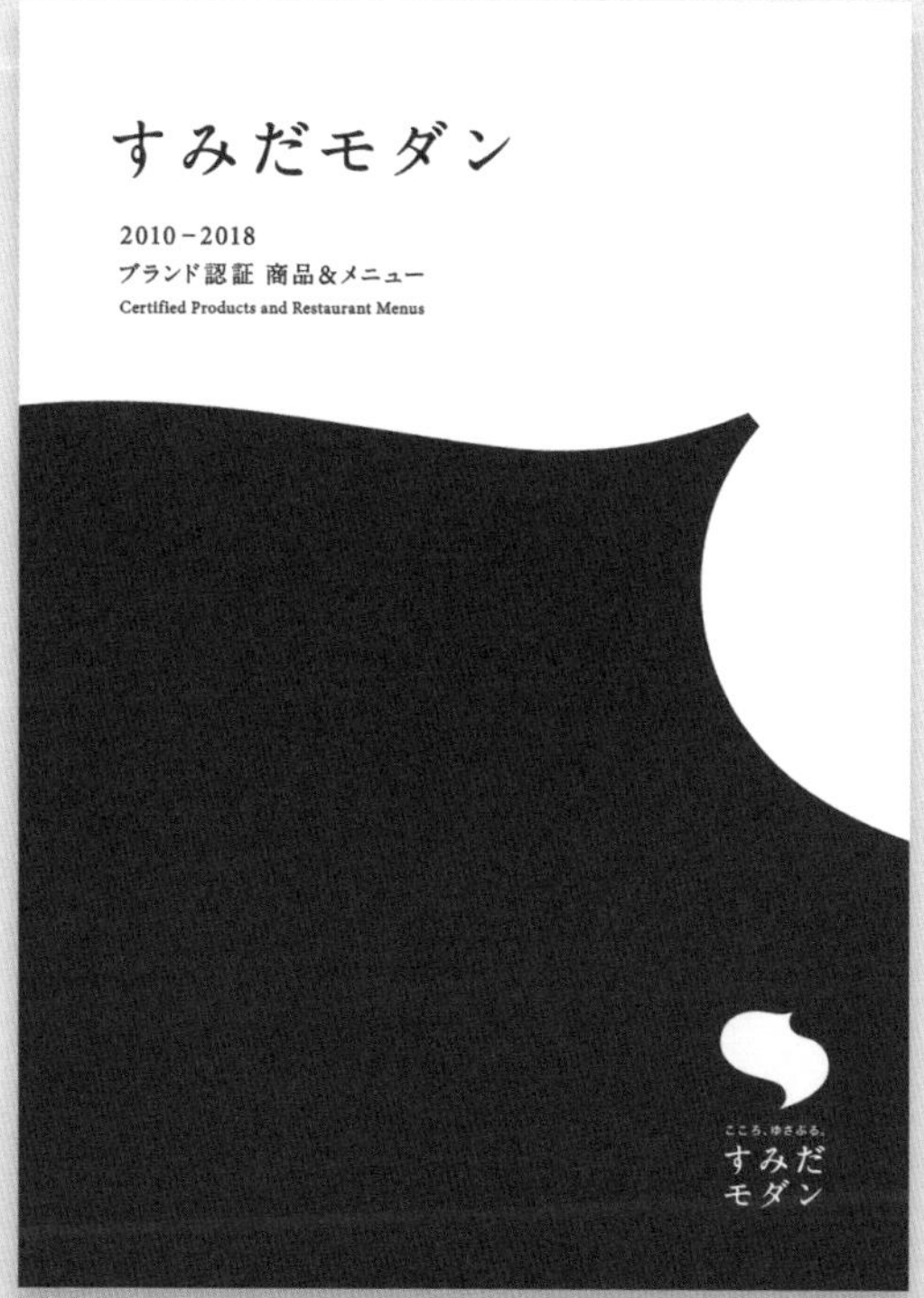

その土地の個性を真剣に広く伝えようと、ローカルから発信されるフライヤーやパンフレット。広告満載の情報雑誌とは違う、キリッとした編集やメッセージを、それらから感じ取って、その土地を旅しましょう。東京都からは、「ものづくりのまち」として発展してきた墨田区に所縁《ゆかり》のある商品や、飲食店のメニューを纏《まと》めた、デザインパンフレット『すみだモダン』をご紹介します。

発行元 すみだ地域ブランド推進協議会（墨田区）
発行日 創刊号2010年7月。英語版は不定期、日本語版は年1回発行。
価格 無料
配付場所 コネクトすみだ［まち処］、両国観光案内所、墨田区役所など。

制作・編集 三井広告事務所
デザイン 廣村デザイン事務所
お問い合わせ BRAND@city.sumida.lg.jp
ウェブサイト sumida-brand.jp

Fliers Found in Cities in Tokyo

Sumida Modern

Locally produced fliers and pamphlets aim to earnestly convey the uniqueness of the area. We recommend taking in their crisply edited content and messages as you travel through a place. From Tokyo, we've selected *Sumida Modern*, a pamphlet that compiles restaurant menu items and products related to Sumida Ward.

Publisher: Sumida Local Brand Promoting Conference / Sumida City
Publication Date: First published in July 2010. Published annually with irregular English version.
Editorial Production: MITSUI ADVERTISING INC.
Design: HIROMURA DISIGN OFFICE
Remarks: Free and distributed at CONNECT SUMIDA MACHI-DOKORO, Sumida City Tourist Information Centers in Ryogoku, Sumida City office and other locations.
Contact: BRAND@city.sumida.lg.jp
Website: sumida-brand.jp

編集長が行く

ナガオカトラベル

銀座・有楽町・皇居外苑・品川・神田旧連雀町・神田神保町・本郷・佃島・両国・東向島・浅草・新宿・四谷・市谷・代官山

Kenmei Nagaoka
ナガオカケンメイ

Design Travelogues by Kenmei Nagaoka, editor on the road in Tokyo

Ginza, Yurakucho, Kokyo Gaien, Shinagawa, Kanda, Jinbocho, Hongo, Tsukudajima, Ryogoku, Higashimukojima, Asakusa, Shinjuku, Yotsuya, Ichigaya and Daikanyama

実は、揺らぎのない〝しっかりした〟意思を持つ東京。

北海道室蘭で生まれ、三歳の時に愛知県へ。中学二年から猛烈に東京に憧れ、高校生になると原宿に髪を切ってもらいに行くための交通費をバイトで稼いだ。高校の卒業式も出ずに、一八歳で上京。最初に住んだ街は、豊島区池袋本町。西武百貨店が繰り広げるアート（西武美術館、アール・ヴィヴァン）と、広告（おいしい生活・糸井重里、浅葉克己）、ファッション（BIGI、コムデギャルソン、PARCO）、音楽（WAVE）の少しでもそばに居たかった。それから三〇年間、東京に住んでいる。

池袋から祖師谷《そしがや》、そして、上野千駄木《せんだぎ》、本郷、渋谷神泉《しんせん》。そして、六本木、三田にも住んだ。用賀、碑文谷《ひもんや》、今は洗足《せんぞく》にいる。南や西にも住み、表参道や銀座に通い、浅草の方をなんとなく〝下町〟と呼んだりした。

今回「東京号」をつくるにあたり、これまでデザイントラベル誌を出してきた栃木県や山梨県などと違い、生まれた場所ではないけれど、人生で最も長く住んだ「東京のトラベルガイドをつくる」という観点から改めて「東京らしい場所」等を考えた時、今まで、東京について深く考えていなかったことに、僕は気づいた。

取材を始めた頃、Facebookに或《あ》る書き込みを貰った。「東京と江戸を一緒くたにしないでほしい」と。二冊に分けてはどうか、という意見も頂いた。それをきっかけに「江戸・東京文化」に興味が湧き、たまたま一冊の本に出会う。その本には、こう書いてある。「東京の骨格を決定する上で最も重要な役割を果しているのは、何といっても江戸の都市である」（『東京の空間人類学』陣内秀信著　ちくま学芸文庫）

もしかしたら僕だけでなく、もしかしたら東京に生まれた人々でさえ、東

Tokyo: A city with a surprisingly strong resolve

I was born in Muroran, Hokkaido and moved to Aichi Prefecture when I was three. I started to become obsessed with Tokyo in the eighth grade and started working part-time to cover the train fare to get my hair cut in Harajuku. I skipped out on my high school graduation ceremony and moved to Tokyo when I was 18. I first lived in Ikebukuro Honcho, Toshima-ku. I wanted to be as close as possible to all the art, advertisements, fashion, and music that Seibu Department Store offered. I've lived in Tokyo ever since and it's now been over 30 years.

In making the current "Tokyo Issue," I thought about Tokyo-like places and realized that I had never given Tokyo serious thought.

When we first started researching for this volume, someone wrote on our Facebook page, "I don't want you to treat Tokyo and Edo as if they were the same." The comment made me interested in "Tokyo Metropolitan Area's Edo and Tokyo cultures" and I encountered a book, which argues, "It is the city of Edo, which above all provides the framework of Tokyo." (Hidenobu Jinnai, Tokyo no Kukan Jinruigaku [Spatial Anthropology of (→p. 081)

TOSHIBA
東芝の
太陽光発電
つぼ八
つぼ八

京の骨格の基礎が江戸の都市から続いていることを、なんとなく感じてはいるが、はっきりと意識したことがないのかもしれない。

東京は関東大震災と太平洋戦争で二度、白紙同然になっている。そして、高度経済成長の人為の破壊と発展は、深く意識せずに東京を見れば、殆《ほとん》どがよくできた区画整理や緑地計画によるものと思う。

しかし、新宿御苑は高遠《たかとお》藩内藤家の下屋敷跡。青山霊園も郡上《ぐじょう》藩青山家の下屋敷跡だし、ホテルニューオータニ東京の滝のある四万平米の日本庭園は加藤清正の下屋敷の跡だ。目白の椿山荘は久留里藩黒田家の下屋敷跡だし、東大本郷地区キャンパスはもちろん、加賀藩前田家の広大な上屋敷などの跡。慶應義塾大学三田キャンパスは松平主殿頭《とのものかみ》の中屋敷跡となる。これらは、ほんの一例だ。皇居は言わずと知れたことだが、江戸城の跡。つまり、東京とは江戸城の広大な城下町だ。乱暴に再開発を繰り返し、つくられた都市のようでいて、その骨格には興味深い江戸の都市の歴史がある。

銀座とは何か？　品川とは何か？

代官山の名前の由来は置いておき、どうして、代官山の横に恵比寿があり、その隣に渋谷があり、新宿があり、四谷があり、浅草があり、どうしてあんな大きな寺が浅草にあるのか。東京タワーはなぜ芝公園にそびえ、神田川はなぜ何度もの改修を経て流れ、六本木には昔何があったのか……。江戸の古地図を思考のベースに据えて、現在の東京を見ると、実はあの喫茶店が当所にあるのには訳があり、佃《つくだ》煮屋が集まる街角にはその理由が見えてくる。そして、何も考えないでつくられているかのような東京の街が、少しだけ愛らしく見えてくる。そして、そんな想いで東京全体を眺める時、「東京らしさ」

Tokyo], Chikuma Shobo)

Perhaps it isn't just me and even people born in Tokyo only have a vague sense that Tokyo's framework is inherited from Edo.

Today's Shinjuku Gyoen National Garden was a suburban villa of the Naito family in the Takato Domain, Tokyo Metropolitan Aoyama Cemetery was a suburban villa of the Aoyama family in the Gujo Domain, and Hotel New Otani Tokyo's 40,000 square meters Japanese garden with the waterfall was Kiyomasa Kato's suburban villa. These are just a few examples. The Imperial Palace is obviously on the grounds of the Edo Castle. Tokyo, in other words, is Edo Castle's massive castle town. Tokyo may appear to have been built through repeated haphazard developments, but beneath its surface lays an interesting history.

Hitting the design galleries in Ginza, where many design and publishing offices are located

Ginza where Japan's mint was located, continues to thrive as a commercial district. It is said that John Lennon frequented the long established main Ginza branch of the Café Paulista. The main Tricolore branch, located in a back alley in Ginza, (→p. 083)

がぼんやりと見えてくる。三〇年間、何も考えないで暮らしていた街「東京」の理由が、今更ながらに、猛烈に面白くなってきた。

デザイン系、出版系の多い銀座で、デザイン系ギャラリーのはしご。

貨幣の鋳造所があった歴史を持ち、今も商業地として栄える銀座。役人の町として、また、いわゆる「職人の町」でもあったからこそ、今でも粋な飲み屋が多い。昼過ぎに銀座を感じるおいしい珈琲を。「カフェーパウリスタ銀座本店」はジョン・レノンも通ったという老舗。回転ドアがシンボルの「トリコロール本店」は銀座の裏路地の名店。開店の五時には行列ができてしまう焼き鳥「武ちゃん」で半コース(おまかせ五本)。以上、どの店も、店に入っ

To Hara Museum, a date spot for art girls

I recommend visiting the Sony Archives, which is located in a slightly inconvenient location, but a must-see for fans, and take in the company's history of innovative ideas that exerted a tremendous influence on Apple. Reservations are required.

Hara Musuem, located in the renovated modernist residence of Kunizo Hara, who was the chairman of Japan Airlines and Tokyo Gas, was opened in 1979. The museum, which deftly retained the ambiance of a private residence, has many fans. There is also a cafe with a garden view.

Browsing used design books and visiting bars and a unique back-alley beer pub in Kanda

For the citizens of Edo, freshly cooked white rice was the only thing that counted as "rice." Everything else was just "food." Rice was a treat and it was the best part of a meal. The people of Edo, however, tended to be deficient in vitamin B, and beriberi became an epidemic. Soba noodles became immensely popular as a way to take in vitamin B. This is why there are so many soba restaurants in Tokyo to this day. Many people wonder why there are so many public baths in Tokyo,

(→p. 084)

た瞬間に感じる、老舗ならではの目で楽しむ美味しさ―これ、デザインですね。銀座にはまだまだ老舗のバーや洋食屋がたくさん。レビューで取り上げた老舗百貨店の「松屋銀座」。デザイン事務所も多いので、デザイン系ギャラリーのはしごもお薦め。八丁目の「クリエイションギャラリーG8」※1は亀倉雄策さんの事務所もあったリクルートのギャラリー。大日本印刷（DNP文化振興財団）による「ggg（ギンザ・グラフィック・ギャラリー）」など、徒歩圏内で巡れる。歴史ある建物に店を構える「バーニーズ　ニューヨーク」で買物もよし。

銀座四丁目から二〇分かけて歩いて皇居外苑へ。途中、インテリアデザインが渋い喫茶「ストーン」有楽町ビル店で珈琲休憩。重厚な内装と床に固定されたテーブルが素敵。椅子のデザインは剣持勇。

皇居外苑での目的は、お堀周辺に広がる芝生。正式名は「皇居前広場」。東京人なら、一度はここで昼寝をしたいと誰もが思っている場所。誰にも咎《とが》められることなく、いい具合の松の根を選んで、大胆に。常連は芝生のチクチクや蟻《あり》を考えてシートを持参。これ、ぜひ、シートを買っていくことを勧めます。

美術少女とのデートコース、原美術館へ。

二〇二七年に開業する予定のリニア中央新幹線の始発駅、ソニーの本拠地、昔はただの海だった品川に移動。やや不便な所にあるがファンには堪《たま》らない「ソニー歴史資料館」※2へ。Appleに多大な影響を与えた様々な革新的アイディアの歴史を堪能。まだまだ、頑張ってほしいなぁ、ソニー。あ、完全予約制です。

東京ガス、日本航空などの会長を務めた原邦造の、モダニズム建築の邸宅を

※1 2023年に閉館／※2 2018年に閉館

is known for its revolving door. At "Take-chan," a grilled chicken skewer restaurant where customers queue as soon as it opens at 5 p.m., order the half-course (five skewers selected by the chef). As there are many design offices in the area, there are also numerous design-oriented galleries, which I recommend visiting in a row. "Creation Gallery G8" in the 8 cho-me district is run by Recruit, where Yusaku Kamekura had his office. There are many other galleries within walking distance including Dai Nippon Printing's "ggg (Ginza Graphic Gallery)." Shopping at "Barney's New York," which is housed in a historical building, is also fun.

The outer garden of the Imperial Palace is just a twenty-minute-walk away from Ginza 4 cho-me. On the way, I recommend stopping at the café "Stone," which has cool furniture and fixtures and is located in the Yurakucho Building. Isamu Kenmochi designed the chairs in the café.

The lawn surrounding the moat that circumscribes the Imperial Palace is the reason for visiting the outer garden. Its official name is "Imperial Palace Park." Everyone, and not just Tokyo residents, has a desire to take a nap on this lawn once in their life.

改装、一九七九年に開館した「原美術館」※1。個人宅の雰囲気を上手に残した居心地にファンも多い。庭を眺めながらお茶できるから、カフェとしてもよし。

神田でデザイン古書と居酒屋と、味わいある路地のビール店へ。

東京には様々な人種が集まっている。当然、文化人などの溜《た》まり場、行きつけの店となり、脈々とその歴史を伝えている名店も多い。池波正太郎の行きつけだった、外神田の「花ぶさ」で、彼が命名した人気メニュー「千代田膳」を頂く。

移動して旧連雀《れんじゃく》町、その一角は江戸の風情を残している。周りには高層マンションが建ち並ぶけれど、それでも数軒は頑張っている。レビューでも取り上げた「神田藪蕎麦《やぶそば》」を筆頭に、もう一軒の蕎麦屋、風情濃い「神田まつや本店」で、昼下がりからひとりで飲みたい。ひとりで入っても、店員は殆どおばちゃんだし、おじさんのひとり客も多く気楽。ここは、三五歳くらいになったら行かないと損。塩でおいしい「焼き鳥」とビール、お薦めします。

江戸っ子にとって炊きたての銀シャリだけが「ご飯」で、それ以外は「めし」。これがごちそうであり、食の醍醐味《だいごみ》。ただ、ビタミンB不足で脚気が大流行。それを補ったのが蕎麦で、これまた大流行。だから東京には、やたらと蕎麦屋がある。ちなみに、東京に銭湯が多いのは江戸時代には普通、家に風呂がなかったから。今ではめっきり少なくなったとはいえ、まだ七四〇軒※2ほどある。どうして、こんな都会に銭湯が？という東京ならではの不思議の、こうした一つ一つに、はっきりとした根拠がある。

さて、神田旧連雀町に話を戻し、お土産に揚げまんじゅう。もちろん、自分へのお土産(笑)。一九三〇(昭和五)年創業の「竹むら」。池波正太郎も常連

※1 2021年閉館／※2 2012年取材当時

which is otherwise incredibly urban. The reason is that it was the norm for homes to not have baths in the Edo period. The number of public baths is decreasing, but there are still about 740 in Tokyo.

Now let's return to Kanda. For souvenirs, I recommend fried bean cakes. By souvenir, I mean of course, souvenirs for one's self. "Takemura," which was opened in 1930, is the place to go for fried bean cakes. It's said that Shotaro Ike-nami was a regular there and the shop is housed in a designated "Historical Building of Tokyo." The shop itself looks delicious.

Beer is next. The alleys in this area have great ambiance. "Milonga Nueva" was opened in 1953 as a café where customers could listen to tango music. It offers an exciting selection of beers from around the world. I hope, however, that you'll visit some of the used design bookshops in the area before you get too drunk. Genkido Bookstore has a really large selection of design books, which it prices very fairly. I wish I could visit it daily.

Hongo, Tsukuda Island, and the increasingly popular Higashimukojima area

Located in Hongo, Bunkyo-ku, Omiya Yogashiten has (→p. 087)

Camcorders
デジタルカメラ
アナログからデジタルへ
Digital Still Cameras

まつや

江戸東京博物館

ミロンガ

Ōmiya
本郷4丁目アトラスビル

だったという東京都選定歴史的建造物に指定の風情ある店構え。もう、店そのものが美味そう。

デザインとはいったい何か？　そう思うけど、あぁ、デザインがなくて本当によかったと心から思う店もある。神保町《じんぼう》の飲み屋※1「酔《よ》の助」がそうで、ワインの品揃《ぞろ》えも多い。食べ物も刺身からイタリアンまである。

次はビール。神保町の各路地の雰囲気は最高。「ミロンガ・ヌオーバ」※2はタンゴが聞ける喫茶店として昭和二八年に開店。世界のビールを選べるメニューにわくわくする。ここまで来るなら、酔う前に、ぜひ行ってほしいデザイン古書屋さんがある。「源喜《げんき》堂」は本当にデザイン書が多い。そして、安い。毎日通いたい。

本郷、佃島、そして注目の東向島エリア。

文京区本郷にある「近江《おうみ》屋洋菓子店」。外に目立った看板もなく、もしかしたら通り過ぎてしまいそう。そこにまた惹《ひ》かれる。果物の大好きな社長さんによる、素朴でおしゃれな店。カウンターで好きなケーキやジュースを頂きながら、手紙でも書きたくなる。

佃煮を買いに行ったのは、これが正直初めて。そして、こんなに佃煮屋がカッコいいと思ったのも初めて。店がある佃島は、もちろん佃煮発祥の地。「佃源《つくだげん》 田中屋」も「天安本店」も、雰囲気があっていい。

一九八〇年代に起こった「江戸・東京論ブーム」。八六年には雑誌『東京人』が創刊。そんな関心が高まっていた最中、その名も「東京都江戸東京博物館」※3が建築家の菊竹清訓《きよのり》の大胆な正倉院のようなデザインで、九三年に墨田区に誕生。この手のものは、どうしても馬鹿にしてしまうが、行くと早く来なかっ

※1 2020年閉店／※2 2023年移転／※3 2022年4月より臨時休館中。2025年リニューアルオープン予定。

no special sign and is easy to miss. Its understated presence is alluring. Run by a lover of fruits, Omiya Yogashiten is a simple, yet stylish shop.

To be honest, this was the first time I'd traveled to buy tsukudani—a method of stewing originating in Tsukuda Island. It was also the first time that I thought a Tsukudani shop could be so cool. Both Tsukudagen Tanakaya and Tenyasu Honten are full of ambiance.

In 1980, there was a "Edo/Tokyo theory boom." In 1986, the magazine Tokyojin was launched. The interest in Tokyo never faded, and in 1993, the Tokyo Metropolitan Edo-Tokyo Museum, located in Sumida-ku and housed in a dramatic Shosoin-like building designed by Kiyonori Kikutake, opened.

I recommend going from "Chomeiji Sakuramochi," a sweet cake shop that is also on the "Hato Bus" tour, to "Mukojima Kototoidango," another sweet cake shop, and going to Higashi-mukojima Coffee, which serves as a community for young people and makes visitors feel the potential of the West side of Tokyo, which has been revitalized by love from the locals. At the famous "SPICE Café," which brought young people to (→p. 088)

たことを僕は後悔した。本気で江戸と東京を展示している、そのスケール感に感動した。真剣に一つ一つの展示を見て、解説を読んで、一日中いたい。

「はとバス」のコースになることもある「長命寺 桜もち」から、「向島 言問団子」をはしごして、地元愛によって生まれた東京の東エリアに可能性を感じる、若者のコミュニティー「東向島珈琲店」をお薦め。インテリアの一部をD&DEPARTMENTで購入したところなど、なおよし。この周辺に若者が集まってきたきっかけの名物店「スパイスカフェ」で感動の激うまカレーと対面。手づくりで改装をした店内も、いい感じだ。そして、日本で最も古い商店街—浅草の仲見世をぶらぶら、浅草を堪能したい。

新宿は相変わらず、新宿だ。

新宿にも独特な個性がある。そして、その名残とも言える場所も多い。ジャズ喫茶「DUG《ダグ》」は、今回の取材でよく休憩場所となった。長らく止めていたタバコも、ここで復活。新宿にはタバコがよく似合う。タバコがこんなに嫌われてはいなかった時代、新幹線にも飛行機にも灰皿が普通にあった時代——健康に悪いのは今も昔もちっとも変わらないのに、飲み水を買うようになった頃から異常に人々は反応するようになった感を持つ。しかし、新宿にはまだ、「そんなのうるせぇ」って具合の、「やることとやってれば、あとはいいんだ」って感じが残っている。そこが人を引き寄せ、人間臭さに開眼《かいげん》させてくれる。

「新宿末広亭」で寄席を見て、居酒屋の王道「鼎《かなえ》」でそのスタイルに唸《うな》る——これはデザインだと。「サントリーラウンジ イーグル」も、昔の映画のワンシーンのようにも見える店内だが、大切な東京文化が続いていると見れば、愛《いと》

this area in the first place, have the astonishingly tasty curry. Finally, stroll through Asakusa's Nakamise, which is Japan's oldest shopping arcade.

Shinjuku is still Shinjuku

Shinjuku is fiercely unique. There are many establishments that embody the area's unique character. I frequented the jazz café "DUG" to take breaks while researching this volume. I started smoking again there after a long break. Cigarettes and Shinjuku go well together. Shinjuku's irreverence and humanness draw people in. I recommend taking in a show at Shinjuku Suehirotei and being amazed by the stylishness, indeed design, of the classic izakaya bar "Kanae." "Suntory Lounge Eagle" looks like a set from a film, but once you realize that it carries on an important aspect of Tokyo culture, it will seem precious and you will want to become a regular, because it's laboriously run by folks for folks.

Years ago, Yotsuya and Ichigaya were creative hotspots. Kunio Maekawa and Sori Yanagi had their studios there and the publisher Ryuko Tsushin, which defined an era, was also based there. The "Yanagi Shop" quietly remains there. (→p. 090)

NEW
DUG
jazz cafe & bar
ITALIAN TOMA
DUG
Cafe Menu
Service Time
HAPPY HOUR
DUG
CAFE TIME

おしくなり、通いたくなる。人が、人のために、一所懸命にやっているからだ。

昔、四谷・市谷はクリエイティブスポットだった。前川國男《くにお》や柳宗理《そうり》のアトリエがあり、一時代を築いた出版社「流行通信」もあった。今も「柳ショップ」は、ひっそりとここにある。

代官山の「トムスサンドウィッチ」※は一九七三年開業。ニューヨークスタイルの、やや値段の高い、シャレのあるおいしさはこれからも人気だろう。

これからの山の手東京は、下町東京に。

下町は、江戸情緒が残る庶民エリア。一方、山の手と呼ばれた武士のエリアが今のいわゆる東京と言える。今、デザインやアート、クリエーションといえば、この青山、表参道、六本木、渋谷などの山の手エリアだけれど、江戸時代はそれが真逆で、殆どの制作・製造は職人や商人の町・下町に集中していた。〝もの〟を生み出す下町と、武士が住んでいた山の手。今も、下町には日本のものづくりを支える町工場や伝統的工芸の仕事場が、その風情を残してあり、住みやすい居住地区としての山の手は、明治維新で幕府が倒れ、主人のいなくなった大名屋敷の跡地を経て、高額なマンションやオフィスなどの都市機能を、その空き場所に上手にはめ込んで、今の東京の表情がつくられている。

むやみな経済成長はできず、自国らしさを大切にして低成長できればいい時代がこれから訪れる時、土地の高い山の手エリアから、人間らしい暮らしのある下町エリアに多くのクリエーターが移っていくだろう。それはまるで江戸文化の再現化のようであり、人々の本来のつながり、〝もの〟を生み出すスピードなど、東京は東京の原点である〝江戸の都市〟を手本に、その様相を変えていくと、僕は思う。

※ 2019年閉店

The downtown Tokyo of yesterday will become the uptown Tokyo of tomorrow

The down-to-earth downtown areas retain their Edo sensibility. The uptown Yamanote area, which was populated by samurais, is now Tokyo. Today, creative work such as design and art is centered in the Yamanote area, which includes Aoyama, Omotesando, and Shibuya. During the Edo period, it was just the opposite. Production and manufacturing work was centered in the downtown areas. Producers of “goods” lived in the downtown area and samurais lived in the Yamanote area.

Soon, the Japanese economy will be unable to grow significantly. It will become important in such a period for Japan to maintain low growth and value what is truly Japanese. In this coming era, many creative people will likely move away from the Yamanote area, which has high real estate prices, to the more human downtown area. I believe this will resemble a return to Edo culture and that people will look to examples from the Edo period city, which is the origin of Tokyo, for how people should relate to “things” and with what sort of speed people should produce “things.”

江戸の町火消

西武池袋本店 (→p. 079)
Seibu Department Store, Ikebukuro (→p. 079)
東京都豊島区南池袋 1-28-1 ☎ 03-3981-0111
http://www.sogo-seibu.jp/ 1-28-1 Minami-Ikebukuro, Toshima-ku, Tokyo

新宿御苑 (→p. 081)
Shinjuku Gyoen National Garden (→p. 081)
東京都新宿区内藤町 11 ☎ 03-3350-0151
https://fng.or.jp/shinjuku/
11 Naito-machi, Shinjuku-ku, Tokyo

青山霊園 (→p. 081)
Tokyo Metropolitan Aoyama Cemetery (→p. 081)
東京都港区南青山 2-32-2 ☎ 03-3401-3652
http://www.tokyo-park.or.jp/reien/index.html
2-32-2 Minami-Aoyama, Minato-ku, Tokyo

ホテルニューオータニ(東京) (→p. 081)
Hotel New Otani Tokyo (→p. 081)
東京都千代田区紀尾井町 4-1 ☎ 03-3265-1111
http://www.newotani.co.jp/tokyo/ 4-1 Kioi-cho, Chiyoda-ku, Tokyo

ホテル椿山荘 東京 (→p. 081)
Hotel Chinzanso Tokyo
東京都文京区関口 2-10-8 ☎ 03-3943-1111
http://www.chinzanso.com/ 2-10-8 Sekiguchi, Bunkyo-ku, Tokyo

カフェーパウリスタ 銀座本店 (→p. 082)
Café Paulista (→p. 081)
東京都中央区銀座 8-9 長崎センタービル 1F
☎ 03-3572-6160 http://www.paulista.co.jp/cafe_paulista.html 1F, Nagasaki Center Bldg., 8-9 Ginza, Chuo-ku, Tokyo

トリコロール 本店 (→p. 082)
Tricolore Main Branch (→p. 081)
東京都中央区銀座 5-9-17 ☎ 03-3571-1811
http://www.tricolore.co.jp/ginza_trico/
5-9-17 Ginza, Chuo-ku, Tokyo

武ちゃん (→p. 082)
Take-chan (→p. 083)
東京都中央区銀座 4-8-13 1F ☎ 03-3561-6889
1F, 4-8-13 Ginza, Chuo-ku, Tokyo

クリエイションギャラリー G8 (→p. 083)
Creation Gallery G8 (→p. 083)
※閉館

ギンザ・グラフィック・ギャラリー (→p. 083)
Ginza Graphic Gallery (→p. 083)
東京都中央区銀座 7-7-2 DNP 銀座ビル 1F
☎ 03-3571-5206 1F, DNP Ginza Bldg., 7-7-2 Ginza, Chuo-ku, Tokyo

バーニーズ ニューヨーク 銀座本店 (→p. 083)
Barneys New York Ginza Main Store (→p. 083)
東京都中央区銀座 6-8-7 交詢ビル
☎ 03-3289-1200 https://www.barneys.co.jp/stores/ginza/
Kojun Bldg., 6-8-7 Ginza, Chuo-ku, Tokyo

ストーン 有楽町ビル店 (→p. 083)
Stone Yurakucho Building Branch (→p. 083)
東京都千代田区有楽町 1-10-1 有楽町ビルディング 1F ☎ 03-3213-2651 1F, Yurakucho Bldg., 1-10-1 Yuraku-cho, Chiyoda-ku, Tokyo

ソニー歴史資料館 (→p. 083)
Sony Archives (→p. 082)
※閉館

原美術館 (→p. 084)
Hara Museum of Contemporary Art (→p. 082)
※閉館

花ぶさ (→p. 084)
Hanabusa
東京都千代田区外神田 6-15-5 ☎ 03-3832-5387 6-15-5 Sotokanda, Chiyoda-ku, Tokyo

竹むら (→p. 084)
Takemura (→p. 084)
東京都千代田区神田須田町 1-19 ☎ 03-3251-2328 1-19 Kandasuda-cho, Chiyoda-ku, Tokyo

居酒屋 酔の助 (→p. 087)
Yonosuke
※閉店

ミロンガ・ヌオーバ (→p. 087)
Milonga Nueva (→p. 084)
東京都千代田区神田神保町 1-3-3
☎ 03-3295-1716 https://www.instagram.com/milonga.nueva/ 1-3-3 kandajinbo-cho, Chiyoda-ku, Tokyo

源喜堂書店 (→p. 087)
Genkido Bookstore (→p. 084)
東京都千代田区神田小川町 3-1 ☎ 03-3291-5081 http://www.genkido.jp/ 3-1 Kandaogawa-machi, Chiyoda-ku, Tokyo

近江屋洋菓子店　神田店 (→p. 087)
Omiya Yogashiten Hongo Branch (→p. 084)
※本郷店は2017年4月に閉店。現在は神田店のみ。
東京都千代田区神田淡路町 2-4 ☎ 03-3251-1088 http://www.ohmiyayougashiten.co.jp 2-4 Awaji-cho, Kanda, Chiyoda-ku, Tokyo

佃源 田中屋 (→p. 087)
Tsukudagen Tanakaya (→p. 087)
東京都中央区佃 1-3-13 ☎ 03-3531-2649
1-3-13 Tsukuda, Chuo-ku, Tokyo

元祖佃煮 天安本店 (→p. 087)
Tenyasu Honten (→p. 087)
東京都中央区佃 1-3-14 ☎ 03-3531-3457 http://tenyasu.jp/ 1-3-14 Tsukuda, Chuo-ku, Tokyo

東京都江戸東京博物館 (→p. 087)
Tokyo Metropolitan Edo-Tokyo Museum (→p. 087)
※ 2022年4月より臨時閉館中・2025 年リニューアルオープン予定
東京都墨田区横網 1-4-1 ☎ 03-3626-9974
http://www.edo-tokyo-museum.or.jp/ 1-4-1 Yokoami, Sumida-ku, Tokyo

向島 言問団子 (→p. 088)
Mukojima Kototoidango (→p. 087)
東京都墨田区向島 5-5-22 ☎ 03-3622-0081
http://kototoidango.co.jp/ 5-5-22 Mukojima, Sumida-ku, Tokyo

長命寺 桜もち (→p. 088)
Chomeiji Sakuramochi (→p. 087)
東京都墨田区向島 5-1-14 ☎ 03-3622-3266
http://www.sakura-mochi.com/ 5-1-14 Mukojima, Sumida-ku, Tokyo

東向島珈琲店 (→p. 088)
Higashimukojima Coffee (→p. 087)
東京都墨田区東向島 1-34-7 ☎ 03-3612-4178
https://www.coffee-nobakecheesecake.jp/
1-34-7 Higashi-mukojima, Sumida-ku, Tokyo

スパイスカフェ (→p. 088)
SPICE Café (→p. 087)
東京都墨田区文花 1-6-10 ☎ 03-3613-4020
https://spicecafe.jp/ 1-6-10 Bunka, Sumida-ku, Tokyo

浅草仲見世商店街 (→p. 088)
Asakusa Nakamise (→p. 088)
東京都台東区浅草 1-36-3 ☎ 03-3844-3350
http://www.asakusa-nakamise.jp/ 1-36-3 Asakusa, Taito-ku, Tokyo

DUG (→p. 088)
Dug (→p. 088)
東京都新宿区新宿 3-15-12 ☎ 03-3354-7776
http://www.dug.co.jp/ 3-15-12 Shinjuku, Shinjuku-ku, Tokyo

新宿末廣亭 (→p. 088)
Shinjuku Suehirotei (→p. 088)
東京都新宿区新宿 3-6-12
☎ 03-3351-2974 http://www.suehirotei.com/
3-6-12 Shinjuku, Shinjuku-ku, Tokyo

鼎 (→p. 088)
Kanae (→p. 088)
東京都新宿区新宿 3-12-12 B1F ☎ 03-3352-7646 B1F, 3-12-12 Shinjuku, Shinjuku-ku, Tokyo

サントリーラウンジ イーグル (→p. 088)
Suntory Lounge Eagle (→p. 088)
東京都新宿区新宿 3-24-11 セキネビル B1F・B2F
☎ 03-3354-7700 http://bar-navi.suntory.co.jp/shop/0333547700/index.html B1F–B2F, Sekine Bldg., 3-24-11 Shinjuku, Shinjuku-ku, Tokyo

柳ショップ (→p. 090)
Yanagi Shop (→p. 088)
東京都新宿区本塩町 8 ☎ 03-3359-9721
8 Honshio-cho, Shinjuku-ku, Tokyo

トムス サンドウィッチ (→p. 090)
Tom's Sandwich
※閉店

東京に永遠に遺《のこ》したい活動

オーケストラとは何か？

Kenmei Nagaoka
ナガオカケンメイ

What Is an Orchestra?: An Institution We Hope Tokyo will Carry on Forever

提供：日本フィルハーモニー交響楽団　撮影：三浦興一

オーケストラとは何か？

二〇一二年一月、ある美術大学の僕の公開講座に、二〇〇四年にオーケストラの公開練習を初めて見て感動したことを書いたブログについて、「お礼が言いたかった」と、「日本フィルハーモニー交響楽団」の山岸淳子さんという方が訪ねてこられた。その後、頂いた東京定期演奏会の案内冊子に書かれていたことに興味を持った。そこには「日本フィル存続のために」とあり、「『公益財団法人』認定に向けてのご支援のお願い」と続いていた。二〇一三年一一月三〇日までに債務超過をなくさなければ、活動できなくなるという。「オーケストラ」と「債務超過」「存続」。このことがきっかけで、世界的な芸術活動としてのオーケストラとは、いったい何なのかということに強く関心を持った。そして、親友の一人に、「日本フィルが存続をかけて支援を呼びかけているから、いくらか募金しよう」と誘いながら疑問もわいた。どうして存続させたいと僕が思ったのかを自分でも、うまく説明がつかなかったからだ。そして、存続したことで続く日本フィルの演奏とは、いったい、

Ninth Symphony." Beethoven died three years after writing it at the age of 56. He wrote the Third Symphony "Eroica" when he was 33. He completed the Fifth Symphony "Fate" when he was 37. In other words, his first through ninth symphonies chart the course of his life. This fact makes the compositions extremely intriguing.

Most symphonies comprise four movements. Similar to the introduction, development, turn, and conclusion of the novel, each movement consists of an "exposition," a "development," and a "recapitulation." The symphony, like a haiku, follows a strict form. The composer uses sound to represent the "love," "hate," "joy," "sorrow," "hope," "benediction," "misfortune," "birth," "justice," or "conflict" he or she has experienced. In other words, composers such as Beethoven have the extraordinary ability to turn universal experiences and emotions, which should be valued in any age, into sound. They transform emotions into melodies. Musical instruments were created to play these melodies and these melodies are notated as scores so that they may be preserved. Many musicians, for example, gather to express, and listeners gather to hear a (→p. 097)

提供：日本フィルハーモニー交響楽団

どういうものなのかも、自分で把握できなかったからだ。

作曲家とは、〝人間の心情を音に置き代えることのできる〟並外れた人だと思う。

三月一六日、日本フィルの東京定期演奏会を聴きに東京赤坂にあるサントリーホールにいる。パンフレットには第六三八回とある。二〇〇六席の大ホールは、ほぼ満席。指揮者は日本フィルの首席指揮者であり、人気の高いアレクサンドル・ラザレフさん。曲はエルガーのチェロ協奏曲。一五分休憩してラフマニノフの交響曲第二番、ホ短調作品二七、これが約一時間。エルガーの名前は聞いたことはないが、ラフマニノフの名は聞いたことがある。交響曲とは「オーケストラのためのソナタ」と調べるとあるが、そもそも「ソナタ」とは何だろう？　第二番とは、第一番の続き？　ホ短調作品二七と言われてもわからない。

ベートーヴェン、と聞くと大晦日《みそか》によく耳にする「第九」を思い出す。第九とはもちろん交響曲第九番のこと。彼はこれを書き上げた三

What is an orchestra?

Junko Yamagishi of the Japan Philharmonic Orchestra came to a public lecture I gave at an art school in January 2012. She said she wanted to thank me in person for a blog entry I wrote in 2004, in which I wrote that I had been by the Japan Philharmonic's open rehearsal. Her formality surprised me. Later, I was intrigued by something written in the guide to the Philharmonic's regular concerts in Tokyo. The text asked for support for the Japan Philharmonic Orchestra to be certified as a public interest incorporated association so that it could survive. It said, moreover, that unless the Philharmonic's excess debts are paid by November 30, 2013, it would have to cease performing. Reading about the "orchestra," "excess debt," and "survival" peaked my interest in what an orchestra means in terms of a global art activity.

A composer is an extraordinary human being who can represent the human emotion in sound

When I hear the name "Beethoven," I think of "the ninth," which I often hear on New Year's Eve. "The ninth," of course, is "the

年後、五六歳で亡くなった。昔の偉大な芸術家の逸話といえば、決まって「人間」としての生き様、とりわけ異性関係が語られるのが面白い。交響曲第三番「英雄」は、ベートーヴェン三三歳の作品だし、「運命」で知られる第五番は、三七歳で完成の作品。つまり、第一番から第九番までとは、彼の人生の時間軸。そう考えると興味が出てくる。

「ソナタ」とは、「形式のこと」で、現在のソナタ形成は一八世紀後半から一九世紀にかけて、ハイドン、モーツァルト、ベートーヴェンらが活躍した盛期古典派の時代に著しく発展した。ソナタ形式、つまり、一つの交響曲の多くは、たいてい四つのパーツ(楽章)から成り、その一つのパートには、大まかには「提示部」「展開部」「再現部」という三つの部分がある。小説の起承転結のようなもので、言ってみれば、オーケストラ演奏の交響曲とは、俳句のような五七五の決め事の中で、作曲家自身が体験した「愛」や「憎しみ」「喜び」「悲しみ」「希望」「祝福」「不幸」「誕生」「正義」「戦い」などを「音」にしている。言い換えるとベートーヴェンなどの作曲家は、いつの時代にも大切に思わなくてはならない普遍的な、そうした一つ一つを音に変える特殊な才能の持ち主。彼らによって変換されたメロディーは、未来に伝わり続くように楽譜にされ、それを表現するために楽器が生まれ、その、例えば「悲しみ」を表現するために多くの楽器と演奏者が集まる。

日本を代表する指揮者で、その情熱的な指揮の様子から「炎のコバケン」と呼ばれる指揮者・小林研一郎さん(日本フィルの「桂冠指揮者」でもある)のCDを聴くと、何やら人の唸《うな》り声が一緒に入っている。指揮をしながら指揮者であるコバケン本人が唸っている。その行為には賛否両論あるらしい。しかし、こうは考えられないだろうか。未来にも伝え続けたい想い、例えば「怒り」をベートーヴェンが楽器と奏者を駆使するオーケストラの形で楽譜に音符で記す。それを指揮者という表現者が、自身の解釈も含めてオーケストラで再現する。しかし、目の前にこれほどの天才演奏家たちを以《もっ》てしてもベートーヴェンの「怒り」が一〇〇%再現しきれないとなると、あとは自分が楽器になるしかない(笑)。

at the office, which no longer had power or gas, to discuss their future as musicians and Japan's future, which, in their view, needed classical music.

I visited Minoru Tanabe, who graduated from Tokyo University of the Arts, played in the Tokyo Symphony Orchestra, and joined the Japan Philharmonic Orchestra in 1964 as a contrabass player, to ask him about these discussions. Tanabe is a musician that later became the Japan Philharmonic Chairman with the aim of spreading the joy and wonderfulness of music. He conceived of and carried out a plan, which met some resistance, to hold concerts for children and their parents to help communicate the joy of music.

Around 1960, Tanabe says, Orchestra members received incomes that were as twice as high as that of the average company employee. Having experienced a time when music was valued highly, then experiencing the termination of the Orchestra's contract, Tanabe explains, "We all gathered here and thought long and seriously about what music and orchestras really are." Sticking to their ideals, they concluded that "music should not be disposed just because business has (→p. 098)

音楽とはどういうものか、音楽家とはどういうものか？

日本には、日本オーケストラ連盟に加盟する団体だけでも、三二ものオーケストラがある。その多くが、国や企業などの支援に支えられながら存続している。人間が生きていくためには、アートは最も必要なのに、半面わかりにくいものとも言えるだろう。音楽が、必要不可欠で、大切なものだということは、僕たちがこれまで生きてきた重要な場面に、必ず音楽が寄り添っていたことを思い出すと、こうして文字になど表す必要もない。

民放ラジオ局から生まれた日本フィルが、一九七二年、会社の経営方針により契約を打ち切られた。電気もガスも止められた事務所に残った団員たちは集まり、音楽家としての自分たちの未来と、クラシック音楽が必要な日本の未来について議論を重ねた。

東京藝《げい》大を出て東京交響楽団を経て、コントラバス奏者として一九六四年に日本フィルに入団した田邊《なべ》稔さんを訪ねた。山岸さんから、僕の興味にぴったりの人がいると紹介されたからだ。田邊さんは音楽家でありながら、後に日本フィルの理事長を務め、日本フィルにもオーケストラ奏者のユニオンが必要だと考え、実現。専門的な職業であるオーケストラの目的の根幹は、音楽の楽しさや素晴らしさを伝え広めること。それをみんなに知ってもらうために、子どもと親たちへのコンサートを考え、賛否ある中で実行。美しいし、文化的だけれど、お金がかかるから続けられな

提供：日本フィルハーモニー交響楽団

certain representation of "sorrow."

Kenichiro Kobayashi, one of the most renowned conductors in Japan (and conductor laureate of the Japan Philharmonic Orchestra), is known as "fiery Ken Koba" due to the passionate way he conducts orchestras. Sounds of grunting are audible on his CDs. These sounds, of course, come from the conductor himself. Beethoven used musical notes to write down a score that would allow an orchestra, comprising instruments and their players, to express an emotion such as "anger," which should be carried on by future generations. The conductor recreates and interprets this composition. If the group of genius musicians gathered in front of the conductor cannot fully recreate Beethoven's "anger," then I suppose the conductor has to become an instrument.

What is music? What is a musician?

Although art is essential to life, it is also difficult to comprehend.

The commercial radio broadcast station, which produced the Japan Philharmonic Orchestra, terminated its contract in 1972 due to its managerial policies. The Orchestra members remained

い、でも、それは、どういうものであるかということを、ごちゃごちゃ説明せずに実行して、みんなに見せていった人だ。

一九六〇年頃、オーケストラの団員の収入はサラリーマン平均の二倍あったという。それだけ音楽が必要とされたとも言える時を経験し、オーナー企業から契約を打ち切られたことで田邊さんは、「ここで団員みんなが、本当の意味で、音楽とは何か、オーケストラとは何かを真剣に考えた」と言う。そして出た答えが「企業が景気が悪くなったからといって、音楽は簡単に捨て去ってはいけない」という理念と行動力。たとえ電気を止められた中でも、人々に音楽を聴かせたいという想い――それは「キャンドルコンサート」の名で今も日本フィルに脈々と伝わっている。芸術家である団員たちも、契約を打ち切られたあと、労働組合が自らオーケストラの経営に携わりながら、演奏を続けた。やがて一九八五年に日本フィル新財団を設立。この長く苦しい十数年間の体験こそ、日本フィルをあらゆる意味で逞《たくま》しくした。そこには芸術としての音楽の大切さと、音楽を楽団の単位で続けていくことへの目的意識の変化がある。

長く、その土地とオーケストラが関係を持たないと生まれない音。

日本フィルが大きな気づきを日本の風土から貰ったのも、この激動の時期だ。「公演を開催して日本フィルを支えよう」という、九州からの声でそれは続き、二〇一二年で三七回目を迎えた。日本フィルの歴史の半分は、九州公演（一九七五年〜）の歴史とも言える。

オーケストラに欠かせないのは、演奏者、楽団諸関係者だけでなく、それを聴衆の土地に根付かせるための「その土地に〝根付いた〟、感性豊かな住人」ではないか。そうでないと、オーケストラはただ音楽を演奏する専門的な集団で終わってしまう。オーケストラは、生きるということのメッセージが込められた曲を一人でも多くの人に聴いてもらうということの他に、その土地のメッセージ性を音楽で引き出すという使命もあるのではないか。

九州公演地の一つ、唐津で生み出された交響詩『まつら』は、長らくその土地とオーケストラが関係を持たないと生まれない、「唐津そのものの音」だ。そして、厳しい状況に打ち克《か》って、柔軟に音と向き合うようになった

slowed down." They decided that they wanted to play music for an audience even without electricity. The resulting "Candle Concert" is legendary among the Philharmonic members.

A sound that can only be produced with a longstanding relationship between a local town and an orchestra

An orchestra needs not only the musicians and other orchestra staff, but also "locally 'rooted' and sensitive residents" who can help the orchestra penetrate the local region and its residents. Otherwise, an orchestra simply remains a specialized organization that plays music. Shouldn't an orchestra's mission be to not only play compositions that carry important life messages for as many people as possible, but to also express the message of the local region through music?

The symphonic poem "Matsura," which was composed in Karatsu, a city in Kyushu where the Orchestra plays, is "the sound of Karatsu" and could only have been produced out of a longstanding relationship between the town and the orchestra. It is a composition that could only have been produced by the Japan Philharmonic, which overcame difficulties and (→p. 100)

提供：日本フィルハーモニー交響楽団

日本フィルだからこそ為《な》しえたことのだと、僕は思う。

生でオーケストラの音を聴いてほしい。

オーケストラを生で聴くということは、ベートーヴェンやモーツァルトなどの音楽家によってメロディーに置き換えられた〝人間が生きていくために、どうしても心に必要な真情〟の再現現場に立ち会うことだと僕は思う。だから、理屈よりも先に、人間として反応して涙があふれてくる。

それは企業にも、国にも、そして、僕たち一人一人の市民にとって、大切な気づきだと思う。田邊さんは言う、「オーケストラというものは、収支面での自立は現在では難しい。今は国や企業の支援に頼っていますが、本当に音楽を必要とする人が増え、その一人一人に支えてもらうことが一番、音楽にとって、そして、その土地にとっても国にとってもいいのです。税金などだけで支えられるのは、自然ではない。芸術の担い手と受け手の関係を深める仕組みを築きたい」。

現在思うと、日本フィルを存続の危機から救いたいと僕が思ったのは、生のオーケストラの音を聴いて感動した経験があるからだ。

その「音」を芸術として気取らせているだけでは、もったいない。芸術性は置いておいて、日本フィルが子どもたちとの夏休みコンサートでやっている、気取りを取り払った、勇気ある行動にもっと関心を持ちたい。素直に音楽を聴いた子どもたちはベートーヴェンを気取らず語るだろう。「かっこいい」とか「うるさい」とか「面白い」とか。それくらいでいい。ソナタ形式の意味など知らなくても。とにかく、ホールに生の音を聴きに行ってほしい。

オーケストラは、国や企業の〝粋な計らい〟ではいけない。黙って見ているうちに日本フィルはなくなってしまう。「どこかの誰か」が継続させてくれると考えるのではなく、僕たち一人一人の意識と行動力で支え、継続させていく。それにはまず、彼らの奏でる「生の音」を一度、聴いてみなくては始まらないのです。

オーケストラが何世紀にもわたって続けていることを、僕たちだって簡単に生活の中に取り入れられるだろう。ただ、その壁をつくっているのは、僕たち自身なのだ。

learned to face music flexibly.

I want people to experience the sound of a live orchestra

Listening to an orchestra live means experiencing the recreation of "emotions essential to life," which composers such as Beethoven and Mozart expressed in melodies. I therefore respond intuitively and physically rather than logically to an orchestral performance. My eyes inadvertently fill with tears.

Looking back, it was because I had been moved by an orchestra's performance that I wanted to help save the Japan Philharmonic Orchestra. Children who hear Beethoven will discuss it without pretension. They might say it was "cool," "noisy," or "interesting." That's really enough. Above all, I urge everyone to hear an orchestra live in a music hall.

An orchestra should not simply be a "good arrangement" for a corporation or nation. If we watch silently, the Japan Philharmonic Orchestra will cease to exist. We must not assume that "someone somewhere" will save the Orchestra. Each one of us needs to ensure its survival with awareness and action and the essential first step is to hear the Orchestra live.

東京の文化を振り返る

東京カフェ・クロニクル

Yoko Kawaguchi
川口葉子

Tokyo Café Chronicle: Looking Back on Tokyo Culture

カフェは街の変遷を反映して、猫の眼のように目まぐるしく変化する。その足跡をたとえば「階」という観点から眺めるなら、ジャズ喫茶全盛の一九六〇年代から喫茶店ブームの一九七〇年代にかけてはビルの地下の密室が多かったが、一九九〇年代後半のフレンチカフェは開放的なテラス付きで一階に現れる。二〇〇〇年代には小さな個人経営のカフェが雑居ビルの上階に生まれ、都市のすきまを埋めるように増殖していった。

私自身が体験した流れを振り返ってみよう。一九八〇年代はカフェバーの時代だった。その定義は、昼夜を問わずコーヒーやお酒、軽食が楽しめること。現在のカフェと似ているが、二〇〇〇年代のカフェが日常的な居場所であるのに対して、カフェバーはおしゃれをして遊びに出かける非日常の舞台。時代は「ハレとケ」の、輝かしいハレのほうに、すっかり心を奪われていた。

一九八一年は東京のカフェにとって記念碑的な年だ。のちに大きな潮流をつくる二店が、いずれもこの年にオープンしているのだ。カフェバーの先駆けとされる西麻布の「レッドシューズ」と、渋谷パルコに誕生した「アフタヌーンティー・ティールーム」である。

一九八九年には渋谷東急Bunkamuraにパリの歴史ある文学カフェ「ドゥ マゴ パリ」の海外提携一号店が誕生し、フレンチカフェのお手本を呈示する。そのスタイルが都心でいっきに花咲いたのは一九九〇年代半ばのこと。パリよりもパリらしいと賞賛された「オーバカナル」（一九九五年）や「カフェ・デ・プレ」（一九九三年）は、並木の緑ごしに降り注ぐ陽光のもとで飲食する喜びや、季節を眺めるためにカフェの椅子に座る楽しみやギャルソンの存在を教えてくれた。

一九九〇年代後半、何軒のフレンチカフェが舗道に籐《とう》椅子を並べていたことだろう。最初のうちは、テラス席の劇場性がシャイな私たちをとまどわせもしたのだけれど。テラスに座る人間は、道行く人々を眺めると同時に眺め返されてもいる。交錯する視線。

現在に直結するカフェスタイルの萌芽も、一九九〇年代後半にある。欧米の都市文化への憧れを核としてきた従来のカフェに対して、新世代のカフェは世界中から雑多なカルチャーが流入する東京らしさ、さらにはカフェのつくり手たちの「自分らしさ」を漂わ

all over the world and expressed the idiosyncratic visions of their owners. "Bowery Kitchen," which aimed to become a new type of Tokyo diner, was an innovator in this regard.

"Room Room" set another trend—the so-called "room cafés," which were typically opened by women with no previous experience in the café or restaurant business to provide a relaxing atmosphere similar to what one might find in visiting a friend's apartment. Cafes are also intimately connected to art and music. "Café Apres Midi," for example, issued collections of sophisticated and trendsetting "café music," which spread throughout Tokyo. "Organic Café," which was opened by a mid-century modern furniture dealer, became a hub of Nakameguro culture and set an example of how one small café could vitalize an entire neighborhood.

In the 2000s, cafes influenced by the pioneers described above became explosively popular all over Tokyo. At a café, one can read or work unrushed after eating or as they drink coffee. When customers find a café with a worldview or values that they can identify with, it becomes the most comfortable hang out in town.

せるようになった。さまざまなテイストを個人オーナーのセンスで編集し、自分自身が居心地よく過ごすことのできる世界を構築する。ゆえにカフェは自己表現という側面も持ち併せることがあった。

先駆的存在のひとつは、新しい東京の食堂を目指した「バワリーキッチン」で、深夜まで作りたての料理やスイーツを提供し、クールでありながら肩の力の抜けたデザインの魅力とも相まって、ダイナーカフェ流行の立役者となった。

もうひとつの潮流は「ルームルーム」から始まる。飲食業を経験したことのない女性が〝友人の部屋に来たような〟接客と空間づくりで「部屋カフェ」と呼ばれる、ゆるやかな空気感を生み出し、系列店「ヌフカフェ」「ニドカフェ」へと受け継がれていく。もし日本語の名詞に性別があるとすれば、ダイナーカフェは男性名詞、部屋カフェは女性名詞に違いない。

カフェは音楽やアートともリンクする。「カフェ・アプレミディ」からは洗練されたカフェ・ミュージックが発信されて街中に広がっていく。また、ミッドセンチュリーモダンの中古家具ショップが開いた「オーガニックカフェ」は中目黒カルチャーの中心地となり、一軒の小さなカフェが街の勢いを変えるほどのエネルギーを持つことを知らしめた。

これら先駆者にインスパイアされたカフェ群が二〇〇〇年代に爆発的に流行した要因は、決してファッション性ばかりではない。カフェは都市生活者の潜在的な願いに応えていたのだ。私たちが高級レストランでも居酒屋でも見つけられなかった幸福、それは「自由」だと思う。真夜中に食事、スイーツ、カプチーノのどれを注文しても構わないこと。女性がひとりで心安らかに夕食やお酒を楽しめること。食後に読書をしても、仕事をしてもいい。価値観や世界観に共感できるカフェを選べば、そこは街の中の最高の居場所になる。

だからこそ、新しい店が生まれては消えるという短いサイクルを繰り返しながらも、カフェは二〇〇〇年代には東京の生活必需品として定着していったのだと思う。あのカフェに行けば、気持ちのいい時間が流れていて、確実においしいコーヒーが飲めると知っていることは、日常をほんの少し幸せにしてくれるのだ。

Tokyo's cafes reflect the city's changes and transform like a cat's eye at astonishing speed. 1981 was a landmark year for Tokyo's cafes. Two future trendsetting cafes—the pioneer of café bars "Red Shoes" in Nishiazabu and "Afternoon Tearoom" in Shibuya Parco—opened that year.

In 1989, the first overseas affiliate of the historical literary café "Deux Margot Paris" opened inside Shibuya Tokyu Bunkamura and set an example for all French style cafés that followed in Tokyo. By the mid-1990s, French style cafes had spread like wildfire in Tokyo. "Aux Bacchanales" (established in 1995) and Café des Pres (established in 1993) were acclaimed for being "more Parisian than the actual cafes in Paris" and showed their customers the joy of eating and drinking under sunlight streaming through leaves on tree-lined streets, the significance of "garcons," and the pleasure of sitting in a café and enjoying the seasons.

The seeds of today's most popular café styles emerged in the latter half of the 1990s. In contrast to previous cafes, which were based on an admiration of Western cities, the new generation of cafes were founded on a uniquely Tokyo mixture of cultures from

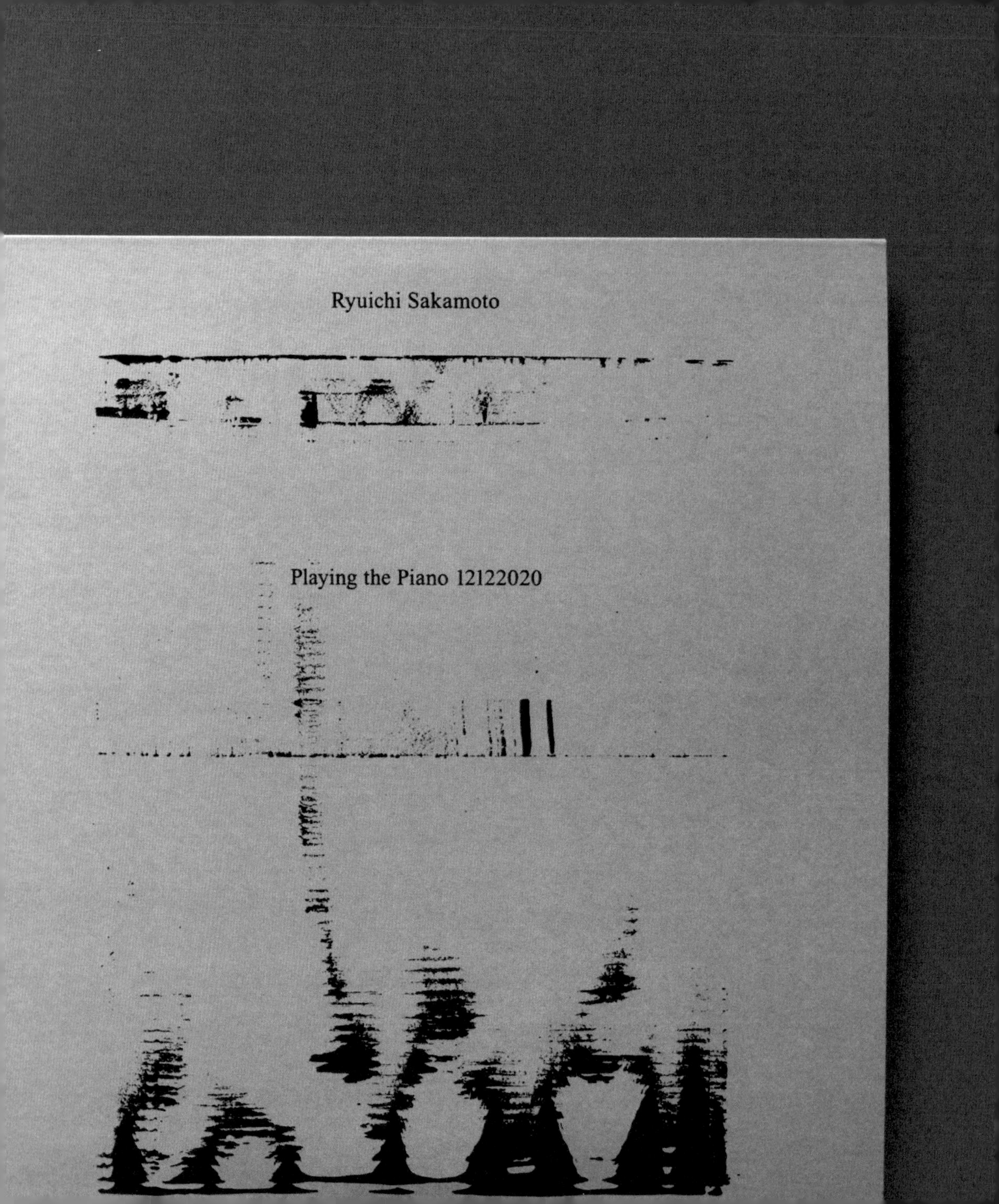
Ryuichi Sakamoto
Playing the Piano 12122020

Ryuichi Sakamoto
Playing the Piano 12122020
SIDE B
1. Aoneko no Torso
2. Mizu no Naka no Bagatelle
3. Before Long
4. Perspective

長嶋りかこ　アイデンティティデザイン、サイン計画、ブックデザイン、空間構成など、グラフィックデザインを基軸とした活動と、作品発表を平行する。

Rikako Nagashima　Nagashima has been working on activities based on graphic design such as identity design, signage planning, book design, and spatial composition, and presenting hers art works in parallel.

東京を知るためのブックガイド

語りたくなる街、東京

Yuko Shibukawa
澁川祐子

A City of Endless Discourse: A Guide to Books for Learning about Tokyo

東京は、〝語りたくなる街〟である。

東京に関する本は、街歩きのガイドブックから歴史モノ、社会学的な論考まで数多くある。近頃はＮＨＫ総合の「ブラタモリ」の影響もあってか、東京の地形に歴史の痕跡を探す本が目につく。「ブラタモリ」は、もともと街歩きが趣味で『タモリのＴＯＫＹＯ坂道美学入門』という著書もあるタモリが、古地図を片手に街を散策するテレビ番組だ。

東京には、坂が多い。武蔵野台地の上に六つの川が流れ、起伏に富んだ地形をつくっている。江戸の町は、こうした立地条件を活《い》かして形成された。それゆえ、地形をたどれば遠い昔の町の姿を想像できる。地形に残された微《かす》かな歴史の面影を、追い求めている人は現在多いのだ。

ただ、こうした東京語りというのは今に始まったことではない。一九八五年に刊行された陣内秀信の『東京の空間人類学』は、江戸から東京へと近代化されていく過程を追いながら、江戸と東京の連続性を明らかにした本だ。一九九二年の文庫版あとがきには、一九八五年から一九八六年にかけて「東京論ブーム」が訪れたと記されている。

折しも建築界では、モダニズムからポストモダンへという変化が起きていた。合理性や機能性を追求したモダニズムへの反動から、歴史的装飾を施したりカラフルな色遣いを用いたりするポストモダニズムの建築が現れていた。森川嘉一郎の『趣都の誕生――萌える都市アキハバラ』では、戦後の東京の変遷について、一九七〇年代までが西新宿高層ビル群のような〝官〟主導型だとすると、一九八〇年代になって、西武や東急といった電鉄系企業による池袋や渋谷の開発に見られる〝民〟主導型へと移行したと指摘している。面白みに欠ける公共建築から、過去のデザインを引用したテーマパークのような商業施設へと、建築家の主戦場が移り変わっていった時期だったのだ。

こうした流れのなか、過去の町並みが見直され、一九八〇年代に「東京論ブーム」が起きた。日本独特の空間概念に「奥」というものがあると指摘した槇《まき》文彦 他著『見えがくれする都市』の刊行は一九八〇年である。また、盛り場の移り変わりから東京の街を読み解いた、吉見俊也著『都市のドラマトゥルギー』

There are numerous books about Tokyo ranging from walking guide books to sociological studies. Hidenobu Jinnai's Tokyo no Kuukan Jinruigaku (Tokyo: A Spatial Anthropology) examines the modernization of Edo into Tokyo as it revealed the continuities between the two cities. Kaichiro Morikawa's Shuto no Tanjo: Moe-ru Toshi Akihabara (Learning from Akihabara: The Birth of a Personapolis) argues that Tokyo's great postwar transformations were initiated by the public sector until the 1970s, for example, with the skyscraper developments in Western Shinjuku and by the private sector starting in the 1980s with the Seibu and Tokyu railway company's development of Ikebukuro and Shibuya.

Tokyo's historical cityscape was re-evaluated to launch a "Tokyo theory boom" in the 1980s. Miegakuresuru Toshi (A Morphological Analysis of the City of Edo-Tokyo) by Fumihiko Maki et al. was published in 1980. Shunya Yoshimi's Toshi no Dramaturgy (Dramaturgy of the City), which analyzed Tokyo based on the transformation of amusement quarters, was published in 1987. In 1986, Genpei Akasegawa and others formed the "Street Observation Study Group" in 1986. The Group observes and documents strange and humorous (→p. 111)

が出版されたのも、一九八七年だった。歴史学だけでなく、建築学や社会学、景観学など様々な分野から東京へのアプローチが試みられたのが一九八〇年代だった。

　また同じ頃、飾らない街の姿を捉えようとする動きも起きた。赤瀬川原平らによる「路上観察学会」が結成されたのは一九八六年。路上に潜《ひそ》む可笑《おか》しな建物や看板、風景に目をとめ、それらを観察・記録する会だ。翌一九八七年に刊行された藤森照信と荒俣宏による『東京路上博物誌』では、「丸の内一帯猛獣狩り」と題し、建築の装飾に取り入れられたライオンや鳥などの像を写真に収めるなど、東京の街並みをいろんな角度から捉えている。

　そうした街並みを克明に記録しようという試みの源流は、大正から昭和にかけて活躍した、今和次郎《こんわじろう》にまでさかのぼることができる。今は『考現学入門』で、関東大震災で焼け野原と化した街がどんどん復興していく様を目の辺りにし、街の風景はもちろん、街に行き交う人々の服装まで事細かに記録することを思いついたと記している。その記録は『考現学入門』の他、『新版大東京案内』(編)の上下巻で、現在でも手に取ることができる。

　だが、そうやって記録された街並みも、東京では、すぐに過去のものとなってしまう。泉麻人の『東京23区物語』は、東京二三区の歴史を解説した名著と言われているが、この本が書かれた一九八五年と今現在との違いに驚く。さらにこの本は、二〇〇一年に『新・東京23区物語』と大幅に書き直されているのだが、それすらも既に古さを帯びている。

　バブル崩壊後二一世紀に入り、東京の都心は大規模再開発によって軒並み変貌した。再開発の流れについては、隈《くま》研吾と清野由美の共著『新・都市論ＴＯＫＹＯ』がわかりやすい。汐留《しおどめ》や丸の内、六本木といった場所の再開発によって、それまで辛うじて残っていた昭和の名残も根こそぎ消し去られていく。そうなると、歴史を感じられるものは、もはや地形ぐらいしかない。そこで冒頭に述べた、地形から歴史の痕跡を探す本の登場につながるのである。

　中沢新一の『アースダイバー』は、二一世紀の東京に遠い縄文時代の風景を重ね合わせた。最近話題の皆川典久著『凹凸を楽しむ——東京「スリバチ」地形散歩』は、一二万年も前の東京の台地の成り立ちから始まり、その

(New Story of Tokyo 23 District) in 2001, but it too already seems antiquated.

In the 21st Century, large-scale redevelopments transformed Tokyo's urban core. Kengo Kuma and Yumi Kiyono's Shin Toshiron Tokyo (New City Theory Tokyo) is a great primer to Tokyo's redevelopment. Shinichi Nakazawa's Earth Diver overlaid 21st Century Tokyo with Jomon Era landscapes. Norihisa Minagawa's Dekoboko wo Tanoshimu: Tokyo "Suribachi" Chikei Sanpo, which has recently received much attention, starts by examining the formation, 120,000 years ago, of the plateau on which Tokyo would eventually develop, and searches for traces of Tokyo's origins in Suribachi Chikei (cone-shaped hollows).

Tokyo residents cannot resist walking the city to discover traces of its past and talking about their discoveries loudly. As long as Tokyo's cityscape continues to change, people will continue to write about the city.

痕跡をスリバチ状の地形に求めている。

「ゲニウス・ロキ」という言葉がある。日本では『東京の地霊』などを著した鈴木博之が広めた言葉で、もとはラテン語で「土地の守護精霊」の意味だ。精霊と聞くと、パワースポットのように思うかもしれないが、実際は土地にまつわる記憶・歴史といった意味で使われている。土地には、それぞれ、その地形の成り立ちや歴史・由緒がある。それら土地固有の背景を知ることで、人はその土地に対する愛着や安心感を覚える。

だが、現在のその東京に、その歴史を感じることは、果たして容易だろうか。

ヨーロッパの街であれば、古い建物が遺《のこ》り、歴史の積み重ねが、そこかしこに濃密に感じられる。しかし、明治維新、関東大震災、大空襲、再開発を次々と経てきた東京の街並みを見渡してみても、歴史を感じられる場所はもう局地的にしか残っていない。

歴史との断絶。東京の街並みは、その歴史を受け継ぐのではなく、歴史を塗り替えることによって時代を経てきた。歴史を感じられる空間が少ないゆえに、住む者は東京の歴史の痕跡を探して歩き、それを声高に語らずにはいられない。街並みが、これからも移り変わっていく限り、東京語りはやまないのだ。

取り上げた本

『タモリのTOKYO坂道美学入門』タモリ著 講談社 二〇〇四年／**『東京の空間人類学』**陣内秀信著 ちくま学芸文庫 一九九二年／**『趣都の誕生―萌える都市アキハバラ』**森川嘉一郎著 幻冬舎文庫 二〇〇八年／**『見えがくれする都市―江戸から東京へ』**槇文彦 他著 鹿島出版会 一九八〇年／**『都市のドラマトゥルギー』**吉見俊哉著 河出文庫 二〇〇八年／**『東京路上博物誌』**藤森照信・荒俣 宏著 鹿島出版会 一九八七年／**『考現学入門』**今和次郎著 ちくま文庫 一九八七年／**『新版大東京案内〈上下〉』**今 和次郎編 ちくま学芸文庫 二〇〇一年／**『東京23区物語』**泉 麻人著 新潮文庫 一九八八年／**『新・東京23区物語』**泉 麻人著 新潮文庫 二〇〇一年／**『新・都市論TOKYO』**隈 研吾・清野由美著 集英社新書 二〇〇八年／**『アースダイバー』**中沢新一著 講談社 二〇〇五年／**『凹凸を楽しむ―東京「スリバチ」地形散歩』**皆川典久著 洋泉社 二〇一二年／**『東京の地霊（ゲニウス・ロキ）』**鈴木博之著 ちくま学芸文庫 二〇〇九年

buildings, signs, and scenes found on the street. Terunobu Fujimori and Hiroshi Aramata's Tokyo Rojo Hakubutsushi (Tokyo's Local Natural History) captured Tokyo from various angles. One section of the book titled "Marunouchi Wildlife Hunting" presents photographs of the sculptures of lions and birds that ornament buildings in the neighborhood.

Wajiro Kon, who wrote between the Taisho and Showa eras, is the pioneer of scrupulous documentations of Tokyo. It was with his Kougengaku-nyumon (Introduction to Modernology) that Kon, having witnessed Tokyo's dramatic recovery after the Great Kanto Earthquake had reduced it to burnt ruins, decided to meticulously document the cityscape, its people, and even their sartorial styles.

The documented Tokyo cityscape, however, immediately becomes a thing of the past. Asato Izumi's Tokyo 23-ku Monogatari (A Story of Tokyo 23 District) is considered a masterpiece that explains the history of Tokyo's 23 wards, but contemporary readers will be shocked by how much Tokyo has changed since 1985, when the book was published. The book was updated and re-released as Shin Tokyo 23-ku Monogatari

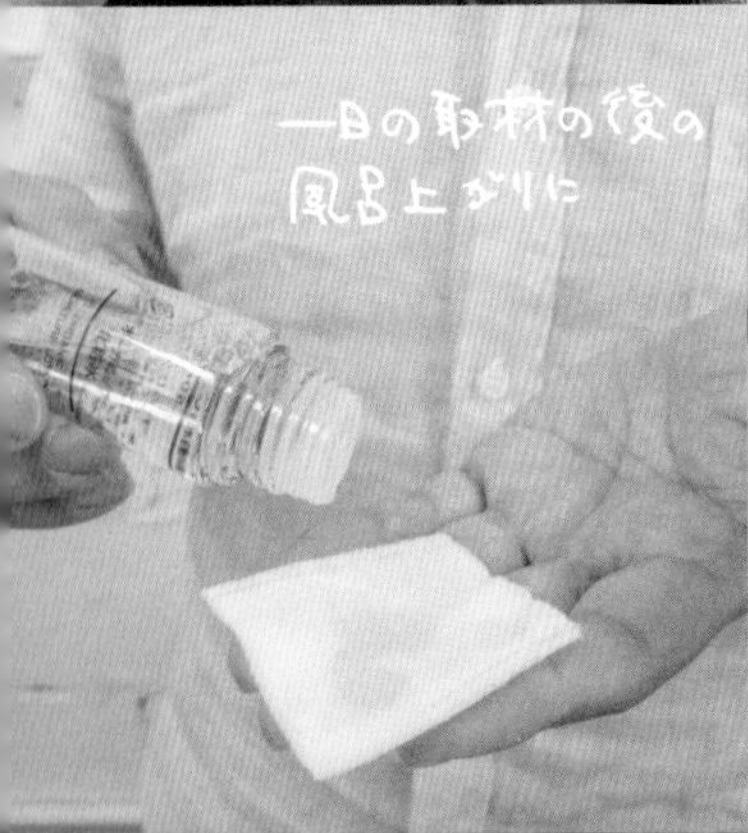

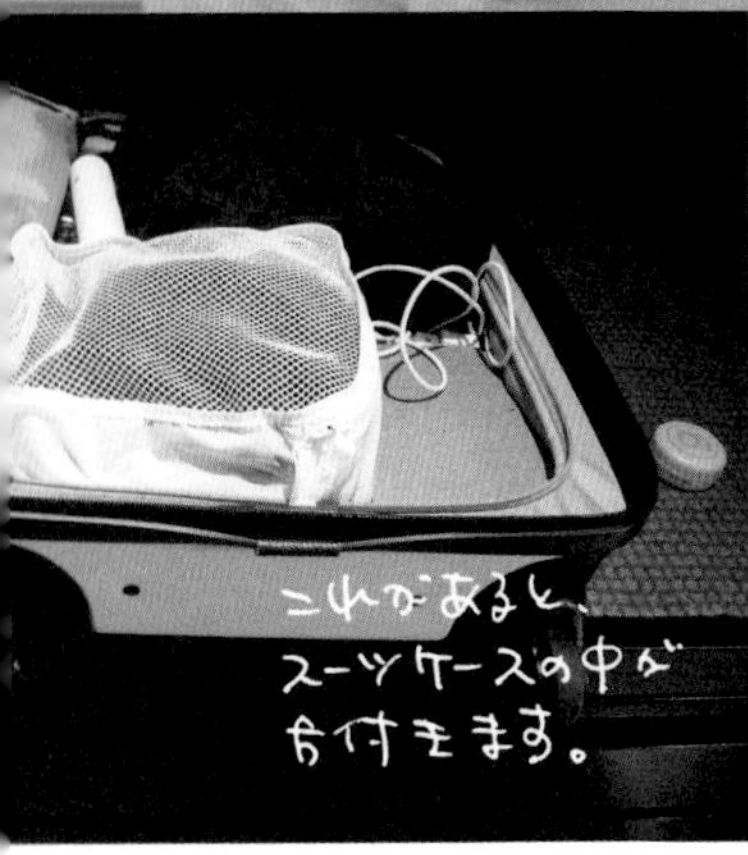

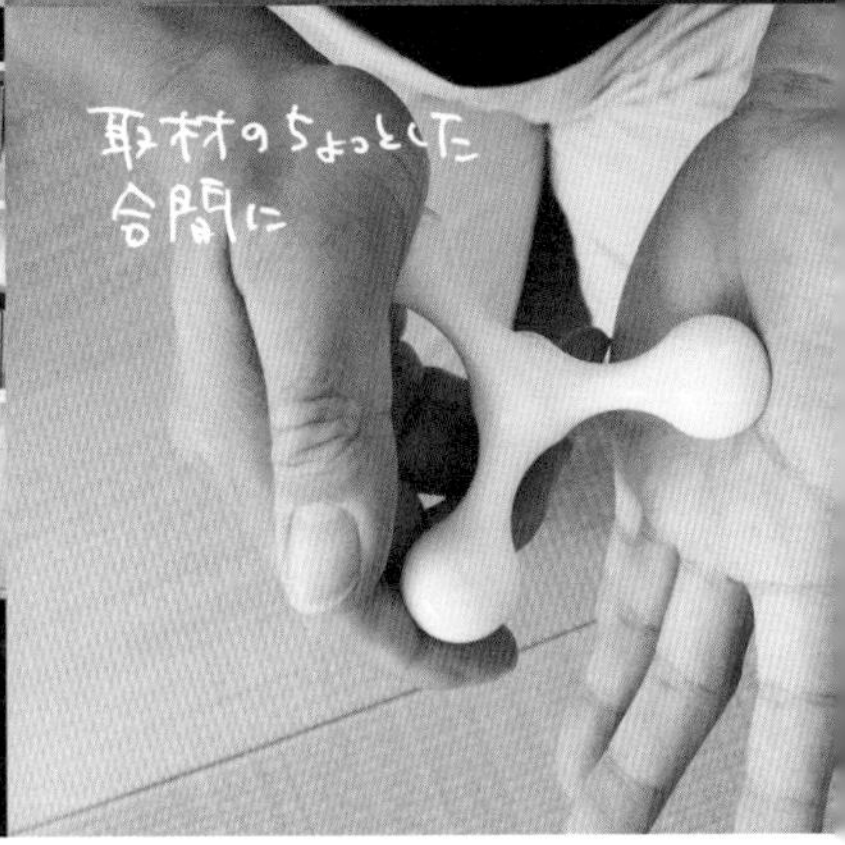

デザイン
トラベルのアイテム。
MUJI to GO。

d design travel
D&DEPARTMENT PROJECT
ナガオカケンメイ

d design travel編集部 編集長ナガオカケンメイ
MUJI to GOで、旅をデザインする。

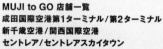

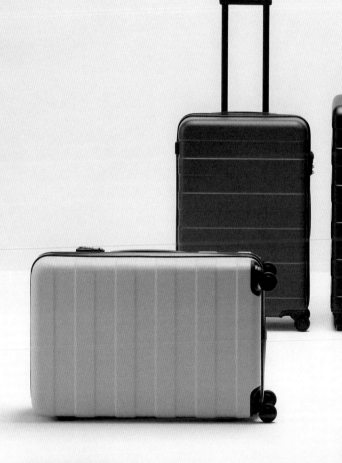

東京のロングライフデザインを探して

珈琲サイフォンの「名門円錐フィルター」

珈琲サイフォン株式会社

Noriko Matsumoto
松本典子

Searching for Tokyo's Long-Life Design: Coffee Syphon's "Meimon Ensui Filters"

Coffee Syphon Co., Ltd.

巣鴨にある「珈琲サイフォン株式会社」。創業者の故・河野彬《あきら》は青年時、現東京大学の海外委託生としてシンガポールに渡り、医療品などの販売で活躍。だが珈琲愛好家の彼にとって現地珈琲の味が舌に合わず、珈琲抽出法の研究を開始。一九二三年の帰国後も医療用品の海外輸出業の傍ら研究を続け、一九二五年に国内初の珈琲サイフォンを開発した。「名門円錐《えんすい》フィルター」の誕生は一九七三年。二代目河野敏夫氏の時で、試行錯誤の末、珈琲の旨《うま》みを一点集中で抽出できる〝ネルドリップの円錐形〟をペーパーで再現した。ネルより扱いやすいのに豆本来の味を損なわないので、約五〇年プロの道具として使われているロングライフ製品だ。これを一般家庭に普及させたのは、三代目河野雅信氏の功績。「名門円錐フィルター」を家庭用に改良した「ドリップ名人」を発売。※ フィルターとペーパーがセットになっているので好評を得、二〇〇四年には雅信氏の趣味である釣りのルアーからヒントを得て名門フィルターのカラーバージョンを発売。女性や若者の人気となる。以降も改良を重ね、〝創業の想い〟を今に伝え継ぐ。

※現在は販売終了

Coffee Syphon Co., Ltd. is located in Sugamo. As a young man, the company's founder Akira Kono traveled to Singapore. An avid coffee drinker, Kono found the flavor of the local coffee disagree-able and began researching coffee brewing methods. In 1925, he developed Japan's first siphon coffee-maker. Coffee Syphon's "Meimon Ensui (Cone) Filters" were born in 1973. After trial and error, the second generation owner Toshio Kono produced the "flannel cone filter," which concentrates all of the coffee's flavor in one point, in paper. It is a long life product that has bee used by professionals for over 50 years because it is easier to use than flannel filters and retains the original flavor of the coffee beans. It was the third generation owner Masanobu Kono, who spread the paper cone filter for household use. He adopted the "Meimon Ensui Filters" for household use and sold it as "Drip Meijin (Expert)." Sold as a set with dripper and filters, it became a hit and in 2004, a color version was released. The company continues to improve its products and carries on the "company's intent at the time of its establishment."

編集部がお薦めする

美味しいそば、鰻、鮨、天ぷら

江戸庶民の食文化を調べていると、外食産業が盛ん——つまり屋台が人気だったという。中でも「江戸前の四天王」と呼ばれたのが、そば、鰻《うなぎ》、鮨《すし》、天ぷら。今では、どれも、ちょっとした高級品だけど、気軽に食べに行けて文句なしに美味しい、編集部お薦めの「現代版 東京・江戸四天王」をご紹介。

【鰻】石ばし　空襲にも耐えた赤煉瓦《れんが》の壁がシンボル。雰囲気ある奥の座敷もいいけれど、絶妙にコンパクトなテーブル席が編集部のお気に入り。じっくり焼く最高のうな重（上6,800円、香物・肝吸い付き）の焼き色や、器、お茶の急須も、みな美しい。

東京都文京区水道 2-4-29
03-3813-8038
http://unagi-ishibashi.com/
火～金曜 11:30–14:30、18:00–21:00
土曜 11:30–15:00、17:30–21:00
日・月曜、祝日、土用の丑休
江戸川橋駅 4 番出口から徒歩 8 分

Ishibashi
2-4-29 Suido, Bunkyo-ku, Tokyo
Closed on Sunday, Monday and holidays
8 minutes by foot from Exit 4, Edogawabashi Station

【そば】神田まつや　明治17年 創業の老舗は、左右対称の外観からして風格たっぷり。定番のもりそば（825円）は、これぞ江戸の下町の味。昭和38年に機械製麺を全部「手打ち」に切り替えた、昔ながらの味を現代に伝える名店。周囲の街並みに風情があって、それもいい。

東京都千代田区神田須田町 1-13
03-3251-1556
http://kanda-matsuya.jp
月～金曜 11:00–20:30（L.O. 20:00）
土曜・祝日 11:00–19:30（L.O. 19:00）日曜休
淡路町駅 A3 出口から徒歩 2 分

Kanda Matsuya
1-13 Kandasuda-cho, Chiyoda-ku, Tokyo
Closed on Sunday
2 minutes by foot from Exit A3, Awajicho Station

during the war. The tatami room at the back has great atmosphere but we, the editorial staff, like the exquisitely compact table seats. The color of the slowly grilled eel (served in a square box with pickles and clear broth on the side, 6,800 yen), the container and the teapot is all beautiful.

【Sushi】Sushi Daizen
Nestled under the tracks of JR Yurakucho Station, this charming local *sushi* shop offers only one dining option, an *omakase* course (9,000yen～). But you can bring your own alcohol, a nod to the gracious spirit of old Edo. Mackerel—delivered fresh from Toyosu Market—is the house specialty. Start your meal with a tasting selection of mackerel sashimi from around Japan, then enjoy grilled fish and sushi featuring a variety of bluefish.

【Tempura】Mikaku
Located in the alley at the bottom of Imoaraizaka starting at Roppongi Dori. The current second generation master is a pure Tokyoite, born in Nihonbashi. He grows organic vegetables at home without use of fertilizers. The vegetable tendon (tempura on top of rice) on the lunch menu is 1,320 yen. The taste and color are both intense and the dish is delicious.

【天ぷら】味覚　六本木通りから芋《いも》洗坂を下った路地にある。二代目店主は日本橋生まれの江戸っ子。自家農園で二代目自ら育てる完全無農薬を目指す有機野菜をたっぷり使った野菜天丼(昼メニュー、1,320円)は、味も色も濃く、サクサク衣にタレがしみて、最高に美味い。

東京都港区六本木 6-7-17
03-3404-1800
http://www.tenpura-mikaku.com/
11:30–14:00、18:00–21:00 不定休あり
六本木駅 3 番出口から徒歩 3 分
Tempura Mikaku
6-7-17 Roppongi, Minato-ku, Tokyo
Closed occasionally
3 minutes by foot from Exit 3, Roppongi Station

【鮨】鮨大前　JR 有楽町高架下の裏路地にあって、メニューはお任せコース(9,000円～)のみ。お酒は持ち込み可で、その潔さに江戸の気風を感じる。豊洲市場から取り寄せる新鮮な鯖が名物。刺身で各地の鯖を食べ比べたら、光物の魚を中心に、焼き魚や鮨がつづく。街場の魅力に溢れた鮨屋。

東京都千代田区有楽町 2-1　03-3581-6641　https://twitter.com/sushi_daizen
17:30–22:30（20:00 で入れ替えの 2 部制・要予約）
水・土・日曜、市場定休日、祝日（祝日のある週は水曜営業）
JR 有楽町駅、地下鉄日比谷駅 A1 出口から徒歩 3 分
Sushi Daizen　2-1 Yuraku-cho, Chiyoda-ku, Tokyo
Closed Wed/Sat/Sun and market and public holidays (open Wed during weeks with public holidays)
3 minutes by foot from JR Yurakucho Station or Exit A1, Tokyo Metro Hibiya Station

The Best Soba, Unagi, Sushi & Tempura, recommended by the Editorial Staff

By researching the food culture of common people in Edo (modern-day Tokyo), one would learn that going out to eat at a yatai (street stall) was popular. Especially popular were soba, unagi (eel), sushi and tempura which were considered to be the "Best Four Edo-mae (Edo-style)" Dishes. Though they are now luxury items, we are going to introduce you to some reasonably priced but very delicious modern version of these Best Four Edo-mae Dishes.

【Soba】Kanda Matsuya
Since its opening in 1884, this shop has been known for its distinct atmosphere, starting with their symmetrical facade. The standard mori soba (soba eaten with dipping sauce, 825 yen/plate) is famous for its authentic downtown Tokyo taste. In 1963, they switched from making soba by machine to "by hand" and have continued to serve this traditional taste into the modern world.

【Unagi】Ishibashi
Their trademark is the red brick wall that withstood the air raids

1. SyuRo
角缶

職人や町工場が多い台東区に店を構え、暮らしになじむ素朴な日用品を企画・製造・販売するSyuRo《シュロ》。町工場に依頼して作る、ブリキ素材を生かした表面加工は、経年変化を肯定する仕上げ。
大 3,850円、小 3,520円

NIPPON VISION

1. SyuRo, Kakukan SyuRo plans, manufactures, and sells simple everyday items at its store in Taito-ku, an area of many small factories and craftspeople. These cans, made by a small factory is intentionally finished to age and accept patina.
Large ¥3,850 Small ¥3,520

2. 木村硝子店
調味料入れ

1910年創業、各種グラスや食器を中心に、企画デザインから、卸売り販売まで、業界の信頼を誇る木村硝子《ガラス》店。この容器は、バウハウス時代にデザインされたものが原型。
No. 13 塩、コショウ 各1,265円

2. Kimura Glass, Co. Spice containers Established in 1910 and trusted by the industry, Kimura Glass primarily designs and sells various glassware and dishware. This container is based on a design from the Bauhaus era.
No. 13 salt, pepper ¥1,265 each

日本の伝統工芸や地場産業を、“ロングライフデザイン”の視点で紹介するNIPPON VISION。「原点を売り続けながら、“自分たちらしさ”を見つめ直す」というD&DEPARTMENTの考えを応用し、それらを無理なく活性化、より長く続く仕組みをつくっていくプロジェクト。日本全国から、普段の生活に使える、若いリアルな需要に添ったロングライフな工芸品を集め、商品の技術や魅力・つくり方などを紹介。TOKYO SELECTは、D&DEPARTMENT PROJECTの企画展で展示・販売した物からセレクトしています。スタッフが本当にお薦めする“Made in TOKYO”の商品たち

3. ライフ株式会社
ライティングペーパー、洋封筒

1946年創業の紙文具製品メーカー。生産終了品を復刻。銀行の帳簿用に使用された保存性・耐久性に優れたペーパーを手作業で糊《のり》綴《と》じした便箋と封筒。万年筆のインキは滲《にじ》みにくく、裏抜けしづらい。
ライティングペーパーA5
バンクペーパー 100枚 1,000円
洋封筒 洋2 バンクペーパー 20枚（現在販売終了）

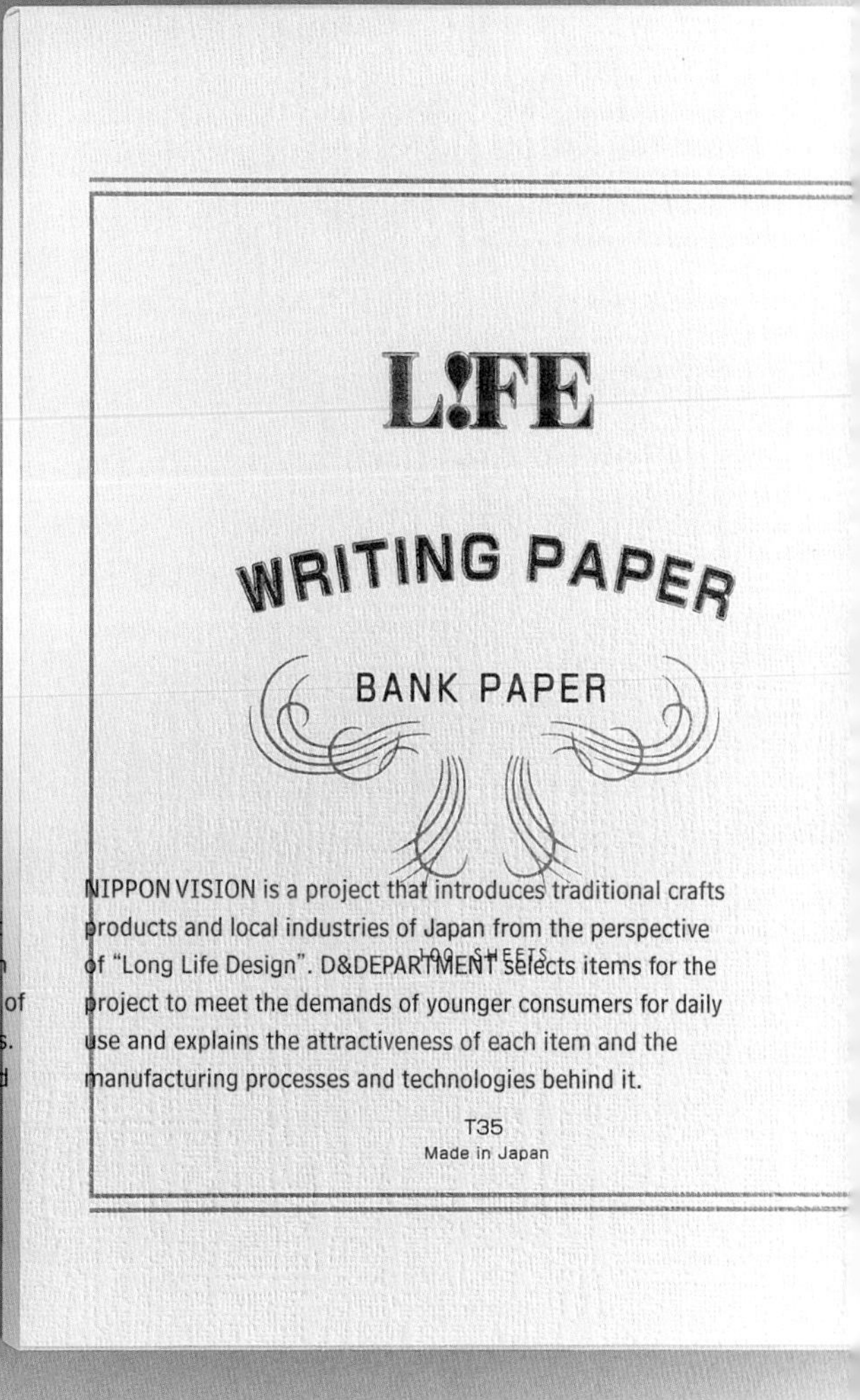

3. LIFE CO., LTD., Writing paper and western style envelopes LIFE CO., LTD. is a stationery manufacture that was established in 1946. Today, it reproduces products from its past lineup. This writing pad is glued by hand and made of durable paper that was originally produced for bank ledgers. Fountain pen ink does not easily bleed on the page or bleed through to the sheet below.
Writing paper A5 size bank paper 100 sheets ¥1,000

NIPPON VISION is a project that introduces traditional crafts products and local industries of Japan from the perspective of “Long Life Design”. D&DEPARTMENT selects items for the project to meet the demands of younger consumers for daily use and explains the attractiveness of each item and the manufacturing processes and technologies behind it.

Kama-asa Bld

やぶ
そば

Hot Dog
kun
is
coming
to
the
BERG
BERG

SHISEIDO
SHISEIDO
PARLOUR
SHISEIDO
PARLOUR

杉並の袋小路で子供らがかくれんぼする
築地の格子戸の前で盛塩が溶けてゆく
東京は読み捨てられた漫画の一頁だ
亀戸の洋服屋の店先で蛍光灯がまたたく
多摩川の橋下でラジコンボートが沈没する

大久保の線路沿いに名も知れぬ野花が咲く
世田谷の生垣の間からバッハが聞える
青山のかまどの中でパンがふくらむ
東京はなまあたたかい大きな吐息だ
東雲の海のよどみに仔猫のむくろが浮く

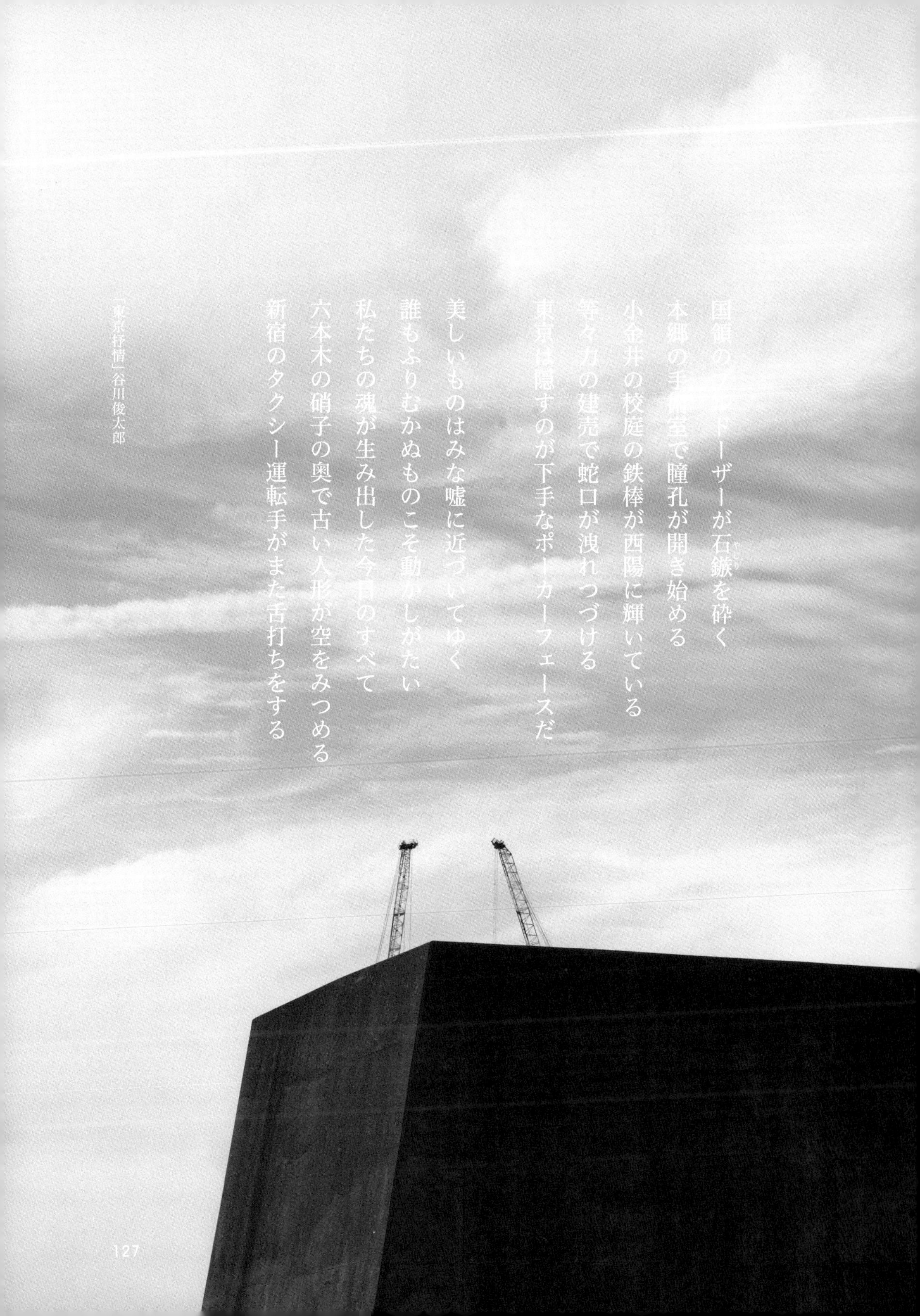

国領のブルドーザーが石鏃《やじり》を砕く
本郷の手術室で瞳孔が開き始める
小金井の校庭の鉄棒が西陽に輝いている
等々力の建売で蛇口が洩れつづける
東京は隠すのが下手なポーカーフェースだ

美しいものはみな嘘に近づいてゆく
誰もふりむかぬものこそ動かしがたい
私たちの魂が生み出した今日のすべて
六本木の硝子の奥で古い人形が空をみつめる
新宿のタクシー運転手がまた舌打ちをする

「東京抒情」谷川俊太郎

東京の家族とデザイン

柳家花緑さんの二つのマグカップ

Kenmei Nagaoka
ナガオカケンメイ

Design and a Tokyo Family: Karoku Yanagiya's Two Mugs

落語家の柳家花緑さんには、どうしても捨てられない二つのマグカップがあります。ひとつは、中学生の花緑少年が大好きだったスーパーマリオのような楽しげなイラストのマグカップ。稽古に没頭するうち大人になった花緑さんが、ある年の正月に実家に帰った時、コーヒーを飲もうとカップを探していたら、お母さんが「自分ので飲みなさい」と渡してくれて一五年ぶりの再会。もうとっくに、どこかに捨てられてなくなったと思っていたカップ。掃除や整理の大好きなお母さんも、これだけは大切に取って置いてくれたんですね。そして、もうひとつのマグカップは、自由が丘での二三歳のひとり暮らし時代に大好きだったアフタヌーンティーで買ったカップ。実家を出たばかりで、自分の部屋をおしゃれな物で揃えたいとの思いで買ったもの。そして、結婚。奥様である美奈子さんは、結婚を機に自分の身の周りの物を大胆に整理。使っていない食器や、読んでしまった本など新しい生活に向けて思い切って捨て、花緑さんとの新生活に臨みます。新居も落ち着いたある日、捨てたはずの自分の元勤め先のロゴマーク入りのカップがキッチンにあることに気づいてびっくり。アフタヌーンティーを辞めて、しばらくたって出会った二人。花緑さんの大好きなお店と奥様の勤め先が実は一緒だったという訳です。衝動買いはめったにしない二人。計画的にひとつひとつ、どの店でいつ頃買ったか、ふたりで購入した家のものはすべて答えられます。そんな思い出のカップ二つ。これからも、ずっと大切に使い続けられることでしょうね。

The rakugo comic storyteller Karoku Yanagiya has two mugs that he just cannot get rid of. The first is adorned with an illustration that resembles Super Mario, which Karoku loved as a junior high school student. One year, Karoku, who had grown up completely absorbed in rakugo training, was at his parents' for New Year's. Looking for a cup to drink some coffee, his mother told him, "Use your own mug," and handed him a mug that he had not seen in 15 years. He had assumed the mug had been thrown out and forgotten long ago. Karoku bought the second mug when he was 23 and living alone in Jiyugaoka at his then favorite store Afternoon Tea. He had just moved out of his parents' home, and bought the mug with the hope of filling his new apartment with stylish objects. Sometime later, Karoku married. His wife Minako reduced her belongings drastically in preparation for marriage. One after they had settled into their new home, she was surprised to discover a mug, which she thought she had thrown out, adorned with a logo from her previous workplace. The two met sometime after Minako had quite Afternoon Tea. Karoku's favorite store was his wife's former workplace. They will most likely continue to cherish the two memorable mugs.

編集部が取材抜きでも食べに行く

東京のいつものうまい

東京は編集部スタッフが一〇年、二〇年、三〇年暮らす〝地元〟です。長く住むこの街で、常連として通ういつもの店、ふらっと立ち寄る思い出の店、取って置きのうまい店——dの選定基準も度外視で、厳選九店をご紹介します!!

Tokyo's Delicious Local Foods

The d travel editorial staff members are "locals" who have lived in Tokyo for 10, 20, and 30 years. We ignored the d selection criteria to share nine restaurants we frequent as regulars, stop by on a whim, and go to for their uniquely delicious dishes!!

6
焼き鳥半コース
Yakitori 5 Skewer Course

【焼き鳥 Yakitori】
夕方5時の開店前から店の前には行列。
半コース=おまかせ5本のことです。(空閑) 3,000円
武ちゃん
東京都中央区銀座4-8-13 1F
03-3561-6889
Take-chan
1F, 4-8-13 Ginza, Chuo-ku, Tokyo

7
ホルモン
Offal

【肉料理 Meat dish】
2人で来ても1人前しか食べられない時もある、自分へのご褒美。(ナガオカ) 750円
ゆうじ
東京都渋谷区宇田川町11-1 松沼ビル1F
03-3464-6448
http://yakiniku-yuji.com/
Yuji
1F, Matsunuma Bldg., 11-1 Udagawa-cho, Shibuya-ku, Tokyo

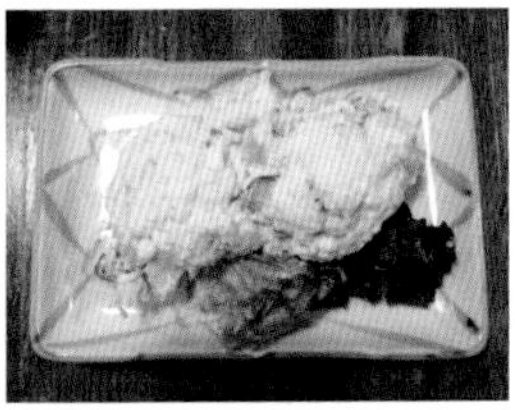

8
ポテトサラダ
Potato Salad

【サラダ Salad】
着席して「生とポテトサラダ」と言う幸せ。
とにかく文句なく美味しい。(ナガオカ) 680円
鼎
東京都新宿区新宿3-12-12 B1F
03-3352-7646
http://www.kanae-3.com/
Kanae
B1F, 3-12-12 Shinjuku, Shinjuku-ku, Tokyo

9
ハンバーガー
Hamburger

【ハンバーガー Hamburger】
最高級の肉でつくるとハンバーガーもご馳走になることを証明した店。(ナガオカ) 150g 1,450円
ホームワークス 麻布十番店
東京都港区麻布十番1-5-8ヴェスタビル1F
03-3405-9884
https://www.homeworks-1.com/
Homework's Azabujuban Branch
1F, Vesta Bldg., 1-5-8 Azabujuban, Minato-ku, Tokyo

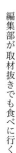

1
シュークリーム
Cream Puff

【デザート Desert】
1個170円。レアチーズケーキと人気を二分する、「しろたえ」の定番。（佐々木）1個 210円
西洋菓子 しろたえ
東京都港区赤坂4-1-4
03-3586-9039
Western-style Sweets Sirotae
4-1-4 Akasaka, Minato-ku, Tokyo

2
元祖たらこスパゲッティ
Spaghetti with cod roe sauce

【パスタ Pasta】
日本初の「たらこスパゲッティ」は1953年創業の「壁の穴」が発祥。たらことバターのバランスが絶妙。（松崎）1,078円
壁の穴 渋谷本店
東京都渋谷区道玄坂2-25-17 カスミビル1F
03-3770-8305
https://www.kabenoana.com/
Kabe no Ana
1F Kasumi Bldg, 2-25-17 Dougenzaka, Shibuya-ku, Tokyo

3
豚濁和出汁そば
Tondaku-wadashi Soba

【ラーメン Ramen】
旧編集部の近くで、常連でした。僕は福岡出身だけど、博多の人気店より美味かも。（空閑）980円
バサノバ
東京都世田谷区羽根木1-4-18 1F
03-3327-4649
Bassanova
1F, 1-4-18 Hanegi, Setagaya-ku, Tokyo

4
オリジナルクラフトビール
Original Craft Beer

【ビール Beer】
各地のマイクロブルワリーとコラボしたここだけのビール。時々入れ替わるのも楽しみ。（空閑）493円～
ビア＆カフェ ベルク
東京都新宿区新宿3-38-1 ルミネエスト B1F
03-3226-1288
http://www.berg.jp/
Berg
B1F, Lumine Est, 3-38-1 Shinjuku, Shinjuku-ku, Tokyo

5
ドライカレーセット
Dry Curry Set

【カレー Curry】
香りづけでブランデーを入れるハイチコーヒーとセットで食べると更に美味！（田中）1,100円
カフェハイチ
東京都中野区中野3-15-8
03-6454-1512
http://wwww.cafehaiti.co.jp
Café Haiti
3-15-8 Nakano Nakano-ku, Tokyo

東京の食を「良い食品づくりの会」の皆さんと考える

良い食品とは

和菓子① あられ

Yuki Aima
相馬夕輝

「良い食品づくりの会」は四条件・四原則を規範に、良い食品をつくり、普及させるため、会員が切磋琢磨しています。

良い食品の四条件
1 なにより安全
2 おいしい
3 適正な価格
4 ごまかしがない

良い食品を作るための四原則
1 良い原料
2 清潔な工場
3 優秀な技術
4 経営者の良心

「あられ(おかき)」は、供え餅《もち》のお下がりを食べる方法として生まれた。乾燥した餅を砕き、焼くか揚げるかして、味付けをするのが基本の作り方だ。昔は、醤油《しょうゆ》や味噌《みそ》もそれぞれの家で仕込んで、家によって味付けも異なる、家庭の味のあられ。しかし、戦後、くず米や米粉などを活用して、あられを大量生産して販売する会社が増え、以来、あられは買うものとして根づいてきた。スーパーの安価で多種多様なあられの中から、本当に安全で美味しい「良いあられ」と呼べるものを選ぶことは難しい。良いあられとはどのようなものか、「良い食品づくりの会」が定めた基準のうち、あられが含まれる「和菓子」の項目は、以下の通り。

・化学的薬剤処理がされていない穀物(米・きび・小麦等)・豆類・芋類・野菜類・果実・木の実・葉・水飴《あめ》・油脂・寒天・でんぷん類・香辛料・酒類　及びゼラチン・砂糖を基本とする。但し、でんぷんについては生食の場合に限って、殺菌を目的とした次亜塩素酸ナトリウムの前処理は認める。
・個々の原材料は、会の品質基準に準ずるもので、代替品は一切認めない。
・着色料・香料・糖アルコール・化学物質を結合させた加工でんぷんは認めない。膨張剤は原則として重曹以外は認めない。

Tokyo's Seikado Arare (rice crackers) was established in 1935. The rice crackers are made with "Miyakogane" organically grown sticky rice from Miyagi Prefecture. The company moved its processing factory from Tokyo to Furukawa in Miyagi Prefecture in 1991. Timed with the move, the company decided that from the perspective of food safety, non-rice ingredients should also be organic." It has since used organic frying oils, soy sauce, sugar, beans, seaweed, and seasonings, as it explains on its website. Keita Shimizu, the company representative clearly explains Seikado's corporate philosophy, stating, "When we pursued 'tastiness,' we arrived at 'safety' and when we pursued 'safety,' we arrived at 'tastiness.' The two things should really be two sides of the same coin." Seikado Arare's Miyagi Factory was certified organic by JAS in 2001 and has since participated in ***Yoishokuhin Zukuri no Kai*** (The Good Food Product Association).

Good arare was originally made by extracting the flavor out of its ingredients. It was an ordinary Japanese snack that one found in ordinary homes.

精華堂あられ総本舗

・油で揚げたものについては、賞味期間内の油の劣化が酸価三・〇以下、過酸化物価二〇・〇以下であること。

東京都の「精華堂《せいかどう》あられ」は一九三五年に創業。あられの原材料には、有機栽培の宮城のもち米「みやこがね」をメインに使用。一九九一年加工工場を東京から宮城県大崎(旧古川)市に移し、これを機に、「安心安全な作り方を考えると、もち米以外の素材も同じ」と、揚げ油、醤油、砂糖、豆、海苔《のり》といった副原料となる味付け素材もまた、かねてからこだわっていた有機・天然素材を使うことを追求している。それらは、自社のホームページでも公開をしている。「良い原材料、良い加工で、米本来の味を味わうことができる」「〝おいしい〟を追いかけると〝安全〟になり、〝安全〟を追いかけると〝おいしい〟になる、そういう表裏一体こそ、本来あるべき姿」と、企業姿勢をはっきり語るのは代表の清水敬太さん。「精華堂あられ」は、二〇〇一年に宮城工場が有機ＪＡＳ工場として認定を取得し、その後、「良い食品づくりの会」に参加。

良いあられとは、原材料本来の味を引き出す、昔の日本に普通にあった家庭の味のような和菓子だ。

What Good Food Product Is According to *Yoishokuhin Zukuri no Kai* (the Good Food Product Association): Japanese-style Confectionery

The members of *Yoishokuhin Zukuri no Kai* came up with a total of eight rules in order to produce and promote the best quality products .

Four Rules of What Makes Food Good

1. Safe, 2. Tasty, 3. Appropriate price, 4. No fudging of information

Four Rules of How to Make Good Food

1. Good ingredient, 2. Clean food processing factory, 3. Best technology, 4. Ethical management

東京の味

東京定食

Yuki Aima
相馬夕輝

料理　山田英季《ひですえ》
写真　安永ケンタウロス(Spoon Inc.)

「江戸煮」

季節の練り物、野菜、それに海苔の佃煮を混ぜた煮込み

「寺島なすの煮浸し」

夏の江戸東京伝統野菜といえば「寺島なす」。

寺島とは、現在の墨田区東向島辺りを指す

「三白」
伝統的三白の一つの大根は冬野菜のため、夏の時期は、
米・豆腐に鯛を加えた三白

「佃煮」

今回は、昆布と生姜の佃煮

多摩川河口の羽田沖から、江戸川河口の葛西沖までの内湾は「江戸前」と呼ばれ、豊饒《ほうじょう》な浅海で、「かまぼこ」「はんぺん」などの練り物や、海苔《のり》、あさりなどから佃《つくだ》島を発祥とする「佃煮」などが生まれた。また、江戸っ子は、米、豆腐、大根の「三白」、それに鯛《たい》、白魚《しらうお》を加えた「五白《ごはく》」を好み、それらの繊細な味の違いを舌で感じ取れるかどうかを「粋」と捉え、楽しんだと聞く。現在水質は悪化し、都内で漁獲される魚介を楽しめることは少ないが、深川めし、江戸煮などの調理法は、家庭や老舗店で継承されている。一方、現在、食材として東京らしさを見直されているのは野菜だ。江戸東京伝統野菜の中には、大蔵《おおくら》大根(世田谷区)、東京うど、金町《かなまち》小かぶ(金町＝現葛飾区東金町)などがあり、原種を繋《つな》いでいる。農地が住宅地にある環境は、農薬等の使用を減少させる。そのような点から、東京野菜の「安全」と「鮮度」は、新しい特色となってきた。家の玄関を開けると、台所からまな板を叩く音が聞こえ、関東煮込みの匂いが立ち込め、お腹が空《す》いた。日本中どこにでもあった、そんな光景は、確かに東京にもあった。〝東京の故郷〟を感じることができる定食を、「東京の定食」とした。

Tokyo's Teishoku Combination Meals

Edo (modern day Tokyo) residents favored sanpaku (three whites) made with rice, daikon radish, and tofu, and gohaku (five whites) made with the addition of porgy and other white fish. Today, the water is usually too polluted to enjoy seafood from Tokyo, but preparation methods such as edoni and fukagawa meshi continue to be practiced in both homes and established restaurants. Vegetables, on the other hand, are being reexamined as native Tokyo ingredients. Farms located in residential neighborhoods necessarily use less pesticide. As a result, Tokyo-produced vegetables are gaining recognition for their "safety" and "freshness." I opened the front door and immediately heard the sound of a knife hitting a cutting board and smelled the aroma of a Kanto stew. I felt hungry straightaway. Such a scene use to be common in Japan and Tokyo was no exception. I reserve the term "Tokyo teishoku" to refer to combination meals that exude an authentic sense of "back home Tokyo."

Edoni: A stew made with seasonal vegetables, fishcakes, and seaweed boiled in soy sauce and sugar.

Simmered Terajima eggplants: Terajima eggplants are the most famous traditional Edo Tokyo summer vegetables. Terajima refers to the area that around Higashi-mukojima in Sumida-ku today.

Sanpaku (three whites): As daikon radish, one of the three traditional whites is a winter vegetable, the dish is made with rice, tofu, and porgy in the summer.

Tsukudani: Method of stewing ingredients in soy sauce and sugar. For this recipe, a tsukudani of konbu seaweed and ginger was prepared.

Food prepared by Hidesue Yamada, Photography by Kentauros Yasunaga (Spoon Inc.)

In–Town Beauty
TOKYO

角田真希子さん（松屋銀座 デザインコレクション）

Photo: Kentauros Yasunaga（Spoon Ink.）
Hair Styling: Kitaro Takashima
Special Thanks to: Matsuya Ginza

※このコーナーは2012年取材当時に基づくもので、
現在角田真希子様はご退職されています。

東京の本

渋谷神山町の書店兼出版社「SHIBUYA PUBLISHING & BOOKSELLERS」スタッフの鈴木美波さんが選んだ「東京」を感じる本。

SHIBUYA PUBLISHING & BOOKSELLERS
東京都渋谷区神山町17-3 テラス神山1F
03-5464-0588
http://www.shibuyabooks.net/

1.

ものづくりに生きる
小関 智弘 著

東京都大田区の町工場で五〇年働いたという、小関智弘さんの自伝的エッセイ。年々減少が続く町工場だが、親子何世代にもわたってモノをつくり、技術を守り続ける彼らの姿には何度読んでも感銘を受けるばかりだ。旋盤工一筋で生きてきた彼の言う、「仕事が味気ないのではない、味気なく仕事をするから、楽しくないだけです」という言葉に背筋が伸びる。

岩波ジュニア新書 八五八円

2.

東京職人
Beretta P-05 著

東京都には、実に四一品目もの指定伝統工芸品がある。それらを生み出す職人たちの生きとした仕事（当時四〇品目）を写真に収めた一冊。江戸漆器や東京琴、江戸甲冑《かっちゅう》など、日常生活ではあまり知られることのない制作技術を垣間《かいま》見ることができる。なぜ東京にこれらの工芸品が根づいたのか、そしてなぜ今も息づいているのか……それらを考えてみるのも楽しみの一つ。

雷鳥社 三〇八〇円

3.

新版大東京案内（上・下）
今 和次郎 編纂

関東大震災の直後から、東京という街のありとあらゆる事象を丹念に調べた考現学の創始者・今和次郎《こんわじろう》。対象は交通機関からデパート、カフェなど多岐にわたり、当時から東京に流れている粋な精神が感じられる。こうやって東京はつくられてきたのか、と思わず感心してしまう今氏のフィールドワーク。他の誰も書くことのできない、とてつもなく興味深い東京案内。

ちくま学芸文庫 一二一〇円（上）、一三二〇円（下）

4.

編集者の時代――雑誌作りはスポーツだ――
マガジンハウス 編

雑誌『ポパイ』や『ブルータス』の編集長を務めた名編集者・木滑良久《きなめりよしひさ》さんのコラム集。東京生まれ、東京育ちの彼による、その時代の姿がここに刻まれている。木滑さんはいつかおっしゃっていた、「雑誌作りは面白いよ、終わりがないからね」。世界をスクラップしていく編集者の楽しみが感じられる、興奮に満ちた一冊だ。

マガジンハウス文庫 六六〇円

The best books for experiencing "Tokyo" selected by Minami Suzuki of "Shibuya Publishing & Booksellers" in Shibuya

1. ***Monozukuri ni Ikiru*** **[Living through object-making] by Tomohiro Koseki** This essay tells the story of people who have made things for generations. Iwanami Junior Shinsho ¥819

2. ***Tokyo Shokunin*** **[Tokyo artisans] by Beretta P-05** This book is a collection of photographs documenting the lively works of Tokyo artisans. Raichosha ¥2,940

3. ***Shinpan Dai Tokyo Annai*** **[New Tokyo guide] (two volumes) edited by Wajiro Kon** Wajiro Kon has thoroughly researched events that occurred in Tokyo after the Great Kanto Earthquake. Chikuma Gakugei Bunko ¥1,155 (vol.1), ¥1,260 (vol.2)

4. ***Henshusha no Jidai–Zashi Zukuri wa Sports da*** **[The editor's era–Magazine making is a sport] edited by Magazine House** This book is the Tokyo-born-and-raised editor's document of an era when magazines such as Popeye and Brutus were cultural beacons. Magazine House ¥630

SHOES LIKE POTTERY
www.moonstar.co.jp
In–Town Beauty 07
TOKYO

東京のCD

新譜から廃盤・希少盤まで揃《そろ》えるレンタルCDショップ「ジャニス」。
無類の音楽好きスタッフたちが選んだ、「東京」を感じさせる4枚。

ジャニス
（2018年閉店）

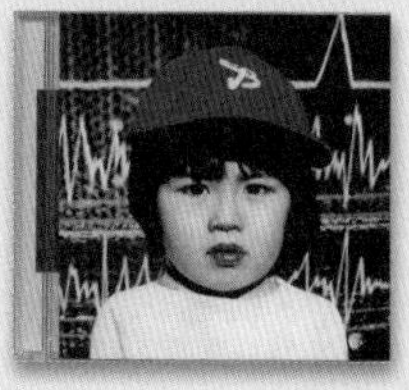

1.
矢野顕子
『東京は夜の7時』

東京は、ネオンが一晩中絶えない夜景の街。無数に瞬く光の中に人々の生活が同時進行しているのを実感します。「ピチカート・ファイヴ」のオマージュ作品でも有名な表題曲は、東京を起点に世界中の営みに想いを馳《は》せる曲。実験性に富んだピアノサウンドも、東京の夜に感じる不思議な一体感を高めてくれます。（川上）

ⓘ三〇八〇円（ミディ）

2.
JAPAN
『シングルズ』

イギリスでデビュー当初はアイドル的扱いだった彼らが、アートなニューウエイヴに向かうターニングポイントとなったヒット曲「life in tokyo」。ジョルジオ・モロダーがプロデュースのひんやりとしたエレ・ポップが一九八〇年代初めの東京の空気を思い起こさせる、アラフォーには懐かしく、若者には新鮮な一曲。（高橋）

ⓘ廃盤（BMGビクター）

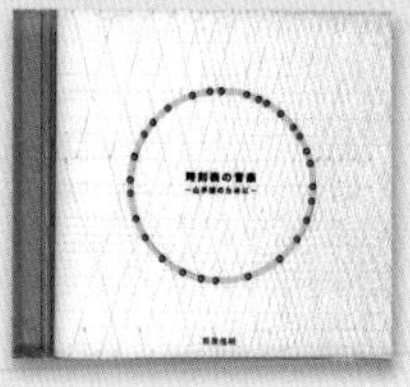

3.
萩原佳明
『時刻表の音楽 ——山手線のために——』

「現代音楽はネタである」を信条に、「面白い」音楽を開発する萩原佳明さん。そんな萩原さんのユーモアを余すところなく発揮させた怪作。山手線の時刻表を独自の法則で音列化し、多様な音楽を奏でています。諸作もそうですが、時感覚を巧みに操る手法も然《さ》ることながら、その着眼点や発想に驚かされる一枚です。（吉田）

ⓘ一一〇〇円（自主制作）

4.
45（フォーティファイヴ）
『HELLO FRIENDS』

「JAMNUTS」のキーボーディストでトラックメイカー、SWING-Oの45名義でのファーストアルバム。一九七〇年代のソウル&レアグルーヴ・マナーに溢《あふ》れるトラックにヒップホップのエッセンスを加えたナンバーが並ぶ中、「TOKYO JAZZ FREAK」はスタイリッシュな東京の夜を演出してくれる一曲です。（田口）

ⓘ二五三〇円（origami PRODUCTIONS）

Employees of the CD rental shop “Janis” selected the following four albums that strongly evoke a sense of “Tokyo.”

1. Akiko Yano “It’s Seven at Night in Tokyo” The title song, which Pizzicato Five famously covered, makes one think of activities occurring in Tokyo and all over the world. (Kawakami) **¥2,940 (Midi)**

2. JAPAN “Singles” The Giorgio Moroder-produced electric pop tunes call up the ambiance of early 80s Tokyo. (Takahashi)

3. Yoshiaki Hagiwara “Music of the Timetable: For the Yamanote Line” Hagiwara makes interesting music. In this piece, he has created tonal sequences from the Yamanote Line timetable to play various types of music. (Yoshida) **¥1,050 (self-released)**

4. 45 “HELLO FRIENDS” This is the first album released by SWING-O under the name “45.” This album will make any night in Tokyo more stylish. (Taguchi) **¥2,415 (origami PRODUCTIONS)**

編集部が、本音でお薦めしたい

東京の美味しい手みやげ

揚げまんじゅう　天麩羅のようなサクッとした衣と、中に入ったホクホクのこしあん。揚げたてがおすすめ。（田中）6個入り 1,630円　竹むら　☎03-3251-2328 📍東京都千代田区神田須田町1-19　**Age Manju**　6 pieces 1,630 yen　**Takemura**　📍1-19 Kandasuda-cho, Chiyoda-ku, Tokyo

いなり寿司　裏返した油揚げでゆず風味のシャリを包んだ、明治8年から続く老舗寿司屋の名物。（田中）8個入り 1,160円　おつな寿司　☎03-3401-9953 📍東京都港区六本木7-14-4 レム六本木1F　**Inarizushi**　8 pieces 1,160 yen　**Otsuna Sushi**　📍1F, 7-14-4 Roppongi, Minato-ku, Tokyo

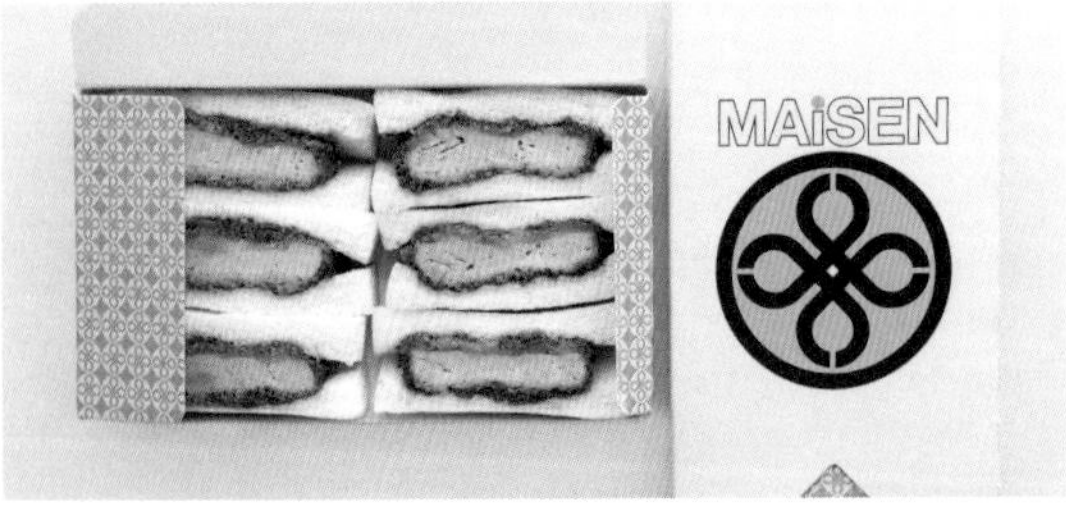

ヒレかつサンド　貰って嬉しい定番中の定番。かつサンドといえば、まい泉。（空閑）6切れ 891円　とんかつ まい泉 青山本店売店　☎03-3470-0073 📍東京都渋谷区神宮前4-8-5　**Hirekatsu Sandwich**　6 pieces 891 yen　**Tonkatsu Maisen AOYAMA Main Store**　📍4-8-5 Jingumae, Shibuya-ku, Tokyo

フルーツポンチ　果物大好きな店主が、仕入れの合間に特別に調達してつくる裏メニュー。（ナガオカ）箱なし3,564円　箱入り3,726円　近江屋洋菓子店　☎03-3251-1088 📍東京都千代田区神田淡路町2-4　**Fruit Punch**　No Box 3,564 yen　In Box 3,726 yen　**Omiya Yogashiten**　📍2-4 Kandaawajicho, Chiyoda-ku, Tokyo, Tokyo

リーフパイ　色気のある縦の線が、流れるように刻まれた美しいリーフパイ。東京の主要百貨店でも購入できる。（佐々木）5枚入り 756円　銀座ウエスト　☎03-3571-1554 📍東京都中央区銀座7-3-6　**Leaf Pie**　5 pieces 756 yen　**GINZA WEST**　📍7-3-6 Ginza, Chu-o-ku, Tokyo

Tasty Souvenirs from Tokyo

肉まん その大きさに注目しがちですが、キャベツの甘みと肉の美味さが最高なのです。肉汁ジュワ～！(松添) 1個 450円 **五十番神楽坂本店** ☎03-3260-0066 ⚲東京都新宿区神楽坂6-4 **Nikuman** 1 piece 450 yen **Gojuban Kagurazaka Honten** ⚲6-4 Kagurazaka, Shinjuku-ku, Tokyo

T.Y. HARBOR Brewery ペールエール 東京の地ビールの中でも、群を抜くデザイン性の高さ。(空閑) 1本 580円 **T.Y. HARBOR Brewery SHOP** ☎03-6632-1718 ⚲東京都品川区東品川2-1-3 **T.Y. HARBOR Brewery Pale Ale** 1 bottle 580 yen **T.Y. HARBOR Brewery SHOP** ⚲2-1-3 Higashi-shinagawa, Shinagawa-ku, Tokyo

チョコレートケーキ なんといってもパッケージデザインby 田中一光で、決まり。(空閑) Rサイズ 2,376円 **Top's** ☎03-5949-2014 ⚲東京都豊島区南池袋1-28-1 西武池袋店B1 **Chocolate Cake** R size 2,376 yen **Top's** ⚲SEIBU IKEBUKIRO B1 1-28-1, Minamiikebukuro, Toshima-ku, Tokyo

手のし柿の種 昔ながらの手のし製法で、中までしっかり身が詰まっている。原材料と調味料も安全な食材だけを使う。(相馬) 1袋 312円(38g) **精華堂あられ総本舗** ☎03-3641-9288 ⚲東京都江東区清澄3-10-5 **Tenoshi Kaki-no-Tane** 1 bag 312 yen(38g) **Seikado Arare Sohonpo** ⚲3-10-5 Kiyosumi, Koto-ku, Tokyo

長命寺 桜もち 桜もち発祥の店にして、今でも桜もちだけ！を売る、道一筋の老舗。(空閑) 1個 250円 **長命寺 桜もち** ☎03-3622-3266 ⚲東京都墨田区向島5-1-14 **Choumeji Sakura-Mochi** 1 piece 250 yen **Choumeji Sakura-Mochi** ⚲5-1-14 Mukoujima, Sumida-ku, Tokyo

フルーツサンド バラ柄の箱を開けてサンドを取り出すまでに、胸が高鳴ってくる。ひとくち口にしたら、もう……！！(佐々木) 1箱 1,512円 **銀座千疋屋** ☎03-3572-0101 ⚲東京都中央区銀座5-5-1 **Fruit Sandwich** 1 box 1,512yen **Ginza Senbikiya** ⚲5-5-1 Ginza, Chuo-ku, Tokyo

CARITA

デザイナーのゆっくりをききたい

連載 28

ふつう

「ふつうにきれいな街、東京」

Naoto Fukasawa
深澤直人

海外から東京に戻っていつも感じるのは、「きちっとつくられた街」という印象だ。ヨーロッパの石の建物や石畳のデコボコから感じる歴史の重みや、アジアの、人と車や自転車や動物が入り交じった、道路と建物の敷地との境目がはっきりしない雑然とした街並みも魅力的だが、そういった街の成り立っている基盤のようなものへの不信感や手入れの無頓着さから比べれば、日本の街の隅々は著しく整っている。外国の人々は、東京を「きれいな街だ」と口々に言うが、その意味はデザイン的な魅力や歴史の名残のことを言っているだけではない。以前は魅力や名残のことだ思っていたが、どうやら東京から受ける彼らの印象というのは、隅々の「整い」の集積から全体の印象を受けているのではないかと思う。例えば、車道と歩道の境目の段差がきちっとしているとか、路上に引かれた白線によれがないとかは、まず街をざっと見て感じることだと思う。エスカレーターのステップの細い溝の隙間にゴミやほこりが詰まってないとか、手すりに汚れがこびりついていないなどの細部のことは、手や身体が実際に触れようとした時に感じる印象だろう。確かに、東京のガラスのビルの表面に、映り込みのデコボコから来るギラギラした歪《ゆが》みはない。細部をきちっとつくり、それを汚さずきれいに手入れし続ける日々の街の細か

***Futsuu* (Normal): Tokyo, an Ordinarily Attractive City**

When I return to Tokyo from abroad, I always get the impression that Tokyo is a “neatly designed city.” The weight of history that the bumpy cobblestone streets and stone buildings of Europe exude and the chaotic cityscapes of Asia, where people, cars, bicycles, and animals mingle, and where the boundary between roads and grounds of buildings are blurred, are also alluring. In contrast to the uncertainty one feels in regards to the foundation upon which such cities are based and the unkemptness of such cities, Japanese cities are thoroughly organized. Foreigners all say that Tokyo is an attractive city, but they are not exclusively referring to elements of design or historical holdo-vers. I used to think that’s what they meant, but now I think their overall impression of Tokyo is a culmination of the orderliness that they see in every corner of the city. For example, the sidewalk and street are on clearly different grade levels and the white lines on the streets are straight. These are things that one notices straightaway in looking at a city. More detailed impressions, such as the cleanliness of the grooves of the escalator steps and the spotlessness (→p. 145)

なケアの集まりが、東京という街をつくり上げていること。外国人の目に東京はそう映るのではないか。

遠目に見る街の景観がきれいとかいえば、絵はがきになるような象徴的なイメージは現在にはない。むしろ、都市の〝細胞〟が整い、肌理《きめ》細かく磨かれているのである。東京駅周辺、丸の内界隈の整い方は世界に類を見ないだろう。雨の降った後に歩道と道路の段差に水たまりができ、それが乾かず腐った水になっていく、その都市の「吹きだまり」というか、その隅を汚さないように都市をつくることにかけての誇りと技術力には敬服する。しかし、それが日本人にとっては「ふつう」だから、東京により象徴的なシンボルをつくろうとして「東京スカイツリー」のようなものができていく。都市の見えない隅を整える技術の控えめで真面目な気質が、それを支えるために進化してきた建築技術を誇れる見せ場のようなものを建てたいという、沸き立つ気持ちもわからないでもないが、都市の精度を支えている土木や建築の技術の粋《すい》とその維持は、日本の精密機械技術に見られる精度の追求と変わらない。「美しい」というよりも「きれい」の方が言葉としてはしっくり来る。日本の「美しい」という語のイメージの中には「きれい」という、清潔感のような意味が含まれている。「beautiful」よりも「clean」の方

word for "beauty" contains a nuance of cleanliness. To foreigners, Tokyo must appear more "clean" than "beautiful."

The cleanliness of Tokyo is maintained through repeated care. A technology of caring for the city was developed despite the constant threat of earthquakes and other natural disasters. Tokyo is maintained to withstand harsh conditions through an obsession with precision. The glass-covered rectangular building stands absolutely straight. The smoothness of each glass panel is finely adjusted to make certain that the scenery that the building reflects will appear flawless. The building is also equipped with a system to regularly clean its surfaces after its construction is completed. The system for cleaning Tokyo is already integrated into the city structure. This system is an extension of the peculiarly Japanese daily habit of sweeping and splashing water to clean the street in front of one's house.

Japan feels spiritual pride in obsessively maintaining "cleanliness." The Japanese have a tacit understanding of the "basics of a rich life" that precedes any sort of economic wealth. This is ordinary to the Japanese but extraordinary to the world.

Tokyo sustains its unparalleled beauty through an unwavering commitment to maintenance.

深澤 直人　プロダクトデザイナー。ヨーロッパ、北欧、アジアを代表するブランドのデザインや国内の大手メーカーのコンサルティングを多数手がける。ロイヤルデザイナー・フォー・インダストリー（英国王室芸術協会）の称号を授与されるなど、国内外での受賞歴多数。著書に『デザインの輪郭』（TOTO出版）など。

Naoto Fukasawa　Product designer. Fukasawa has designed products for major brands in Europe and Asia. He has also consulted major domestic manufacturers. He has won numerous awards by domestic and international institutions, including the Royal Designer for Industry award, honored by the British Royal Society of Arts. He has authored such book as "An Outline of Design" (TOTO)

が外国人から見た東京の印象に違いないだろうと思う。

ケア（手入れ）を繰り返して都市のクリーンさを維持する東京は、常に地震や自然災害の危険にさらされながらも、それに負けないケア技術を磨き上げながら進化してきた。精度へのこだわりと厳しい環境に耐えなければいけない、切迫した状況下での街の維持と、それを、きれいさを支える仕組みやこだわりは日本ならではのものだろう。ガラスで表面を覆った四角いビルは少しも歪まずに立っている。そこに映り込む景色が一つのきれいな像になるために、一枚一枚のガラス平滑度を最後に微調整するらしい。竣工後も、その表面の定期的な清掃を欠かさない仕組みが、ビルの装置に組み込まれている。東京を磨く仕組みは都市に既に組み込まれている。それは、もともと毎朝家の前を掃《は》き、水打ちをする日本の美的伝統習慣の延長にあると言っていい。

手入れを欠かさず「きれい」という精神にプライドを持つ日本は、経済的な豊かさ以前の「豊かさの基礎」を暗黙裏に共有しているのだ。

それは、日本人にとってはごくふつうのことのようだが、世界からみればふつうではない。

東京は、手入れを怠らないことで、この類い稀な美しさを保っている。

of the escalator handrails, might be felt upon physical contact. The glass exteriors of Tokyo buildings do not create uneven glares or reflections. To foreigners, Tokyo must appear to be an accumulation of detail-oriented construction and daily cleaning and maintenance.

Today's Tokyo offers no representative postcard-like landscape or scenery. On a more macro level, the city's "cells" have been ordered and finely polished. The orderliness of the areas around Tokyo Station and the Marunouchi area are unrivaled. I have great admiration for the pride and technological capability that allows Tokyo to prevent, for example, rainwater from festering in the gutters between its streets and sidewalks. Feats such as this, however, are "ordinary" for the Japanese. That's why we build symbols such as "Tokyo Sky Tree" to represent the city. I empathize with the desire to showcase the architectural technology developed to keep the mostly overlooked corners of the city in order and I can see that a serious and subdued disposition drives this desire. The smartness and maintenance of the construction and architectural technology that supports the precision of this city is no different from the pursuit of precision in the precision machinery technology. It's more "clean" than beautiful. The Japanese

歴史的な「よい」

よいデザインとは

Historical and Good

“What Good Design Is”

形がきれいにまとまっているだけでなく、
そのものが持っている機能が十分に果たされ、
材質が吟味され丈夫で使いやすいもの
——それが絶対条件。

森正洋——
森正洋を語り・伝える会『森 正洋の言葉。デザインの言葉。』
美術出版社（二〇一二年）より

It is absolutely essential that good designs not only have clean form,
but also fulfill their function properly,
be produced with well-considered materials,
and be durable and usable.

Masahiro Mori
Mori Masahiro wo katari, Tsutaeru kai "Mori Masahiro no kotoba. Design no kotoba" (Association of talking & informing about Masahiro Mori, Masahiro Mori's Words: The Language of Design), Bijutsu Shuppan-sha, 2012

LOVE
alicante
PUERTO DE SALIDA
VUELTA AL MUNDO A VELA
Engineered with
GUARANTEED TO KEEP YOU DRY
GORE-TEX
PEU BY CAMPER
CAMPER
LIFELOVERS
WELCOME

USED

D&DEPARTMENT PROJECT

廃番になったGマーク商品を
USED G マークと呼んで
見直してみませんか　24

item	スパイラルスクラップブック
model number	No.570
manufacturer	マルマン株式会社
designer	
sales period	1969～不明

1969年受賞

list price	100円 （1969年）
used-selling price	200円 （D&DEPARTMENT 販売税抜価格）

65円

used-buying price（D&DEPARTMENT 中古買取税抜価格）

120

138

148

193

Back Cover

オリックスレンタカー / オリックス自動車 株式会社

120

—

どこよりも早くカーシェアリングを導入したオリックス自動車は、1973年オリエント・リース（現オリックス）グループの自動車リース専業会社としてスタート。自動車 産業が成熟期を迎える中、刻々と変化するニーズに対応し常に他社より先に新しいサー ビスを考える。「ほかにはないアンサーを。」をポリシーに、私たちの生活をサポートしてくれている。

car.orix.co.jp

SHOES LIKE POTTERY / 株式会社ムーンスター

138

—

2023年に150周年を迎えたムーンスター。長い歴史をデザイン視点で振り返る時、「ムーンスター60」シリーズに続き、新ブランド「SHOES LIKE POTTERY」に注目した。大半の工程は手作業で行われ、最後に加硫缶と呼ばれる窯の中でじっくり焼いて仕上げられるスニーカーは、丁寧に表現されたWEBサイトを見ても、昔ながらの製法をシンプルに、そして正しく伝承していく靴であることが、よく分かる。中敷きに「MADE IN KURUME」と創業地スピリットの入ったスニーカーを履いて、「In-Town Beauty」のモデルを務めた角田真希子さんの勤務先「松屋銀座」内で写真撮影を行った。

モデル着用シューズ:
SHOES LIKE POTTERY ホワイト（サイズ22.0-28.0 / 税別8,500円）

www.shoeslikepottery.com

Camper

148

—

マヨルカ語で「農夫」の意味をもつ「カンペール」は、1975年に地中海に浮かぶスペインの小さな島で生まれた。丸みのあるシルエットや色遣い、ほどけない靴紐《ひも》のアイデアなど、発見する度に楽しくなる。それら“「カンペール」らしさ”が詰まったシューズは、D&DEPARTMENTのスタッフにも愛用者が多い。様々なジャンルのデザイナーが参加した「カンペール・トゥギャザー」と呼ばれるユニークなデザインの店舗が世界中で増えていて、話題を呼んでいる。

掲載広告は、2012年秋冬シーズンのアートワークです。

www.camper.com/ja

カリモク60 / カリモク家具株式会社

193

—

江戸時代から続く材木屋を継いで、1940年に、加藤正平氏が愛知県刈谷市で創業。1962年に初めて製造した国産家具の「Kチェア」。現代の生活にも通じるものづくりのセンスと、メーカーとして売り続ける意志により、誕生から40年後「カリモク60」として再び注目を集める人気につながっている。東京号では、都内にある「カリモク60」の直営店の中から2023年オープンの「自由が丘店」を紹介。

www.karimoku60.jp

smart / メルセデス・ベンツ日本

Back Cover

—

創刊の北海道号から続く広告連載も、今号で8回目。その土地らしいデザインのある場所へとsmart号で移動して、毎回撮影を行っています。今回は、東京タワーのある風景に、新型「smart fortwo cabrio turbo」を走らせて撮影した。街をキビキビとパワフルに走るコンパクトカーとしての魅力はそのままに、新デザインと新性能を携えてリニューアルした「smart」。次号は、電気自動車の「smart fortwo electric drive」が登場予定。

www.smart-j.com

LIST OF PARTNERS

d design travel 編集部が語るパートナー企業のこと

000
001

010

013

015

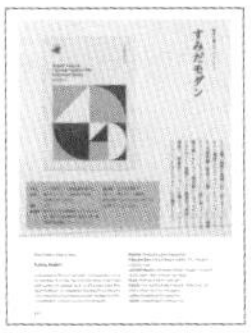

077

112-
113

渋谷ヒカリエ / 東京急行電鉄株式会社

000-001

—

大人が楽しめる街を目指して、東急電鉄グループが、歴史ある商業施設のリニューアルや鉄道アクセスの改良化を図り、渋谷で大規模な改革を実行中。改革の幕開けとして生まれた「渋谷ヒカリエ」は、東急文化会館の跡地に、「文化」のDNAを引き継ぐ強い意志を持って誕生した。D&DEPARTENT PROJECTは、デザインディレクションを担当した8階のクリエイティブスペース「8/」に売場を持ちながら、「8/」を構成するコミッティーメンバーと共に、ここからも文化を発信していく。写真は、「渋谷ヒカリエ」創業年である2012年に、同ビルから眺めた渋谷の街を捉えた。

☗ www.hikarie.jp

アデリア60 / 石塚硝子株式会社

010

—

1819年に岐阜県で創業。現在は、愛知県岩倉市に本社を構える。業務用の硝子《ガラス》製品だけを製造した時代が続いた後に、一般家庭用の食器を本格的に手掛け始めたのは1961年のこと。欧風ライフスタイルへの憧れが強かった時代に、ヨーロッパ調のデザインと、その生活様式を提案した「アデリア」の食器ブランドは、一世を風靡《ふうび》した。その後、2003年に「60VISION」で「アデリア60」として復刻する。「hokka60」(p. 013)とのカップリング広告。「アデリア60」ルックシリーズのマグにHOKKAのビスケットを盛りつけ、真横からガラスの美しさに迫り、撮影した。

D&DEPARTMENT 各店で販売中：
「アデリア60」ルック マグ(色：クリア / アンバー) ＊写真のビスケットは別売り。

☗ www.ishizuka.co.jp/pb/houseware

hokka60 / 北陸製菓株式会社

013

—

創業1918年。石川県金沢市に本社を構え、原点商品だけが集まるブランド「60 VISION」に参加している北陸製菓。D&DEPARTMENT PROJECTがパッケージデザインなどにも関わっている「hokka60」シリーズから、「シガーフライ」「ハードビスケット」をグラスに盛りつけた。「アデリア60」(p. 010)とのカップリング広告。アデリアのグラスに盛られたビスケットを、ひとつ、思わずつまみたくなるシーンを、真俯瞰《まふかん》から接写した。

D&DEPARTMENT 各店で販売中：
「hokka60」の「シガーフライ」「ハードビスケット」(袋入り / ボトル / ミニボトル) ＊写真のグラスは別売り

☗ www.hokka.jp

松屋銀座

015

—

銀座エリアの代表的な百貨店として、1925 年から銀座の中心地に堂々と存在している。レビューで紹介した「デザインコレクション」を1955年にオープン。デザイン視点の企画展も盛んで、「NIPPON VISION」「銀座目利き百貨街」をはじめ、多数開催してきた。百貨店でデザインに触れるという、クリエイティブで上質な新しい体験を買い物客に提供し続ける、日本一デザインに関心があり、デザインを広める意思がある百貨店。

☗ www.matsuya.com

すみだモダン / すみだ地域ブランド推進協議会

077

—

墨田区産業観光部産業振興課が主体となり、2010年に設立した「すみだ地域ブランド推進協議会」の活動の一環で、墨田区の商品や飲食店メニューを、「すみだモダン」として認証している。企業やお店のエントリーは無料。墨田区らしさ、独自性、品質、姿勢などの認証基準に照らし合わせて、毎年認証品が決定される。その審査には区民調査隊も加わり、認証品やお店が紹介された「すみだモダン」のカタログは、区内の広告事務所を中心に制作され、官民一体で墨田区の魅力を広めるべく推し進めている。

☗ sumida-brand.jp

MUJI to GO / 株式会社良品計画

112-113

—

都内の編集部を拠点に、宿泊なしの取材活動が続いた東京号。1日に何本もの撮影や取材が立て混む日は、気分の切り換えや、身だしなみを整えるのに、MUJI のデオドラントやマッサージグッズを重宝した。MUJI の商品を、旅行・移動・仕事・学習・遊びというテーマでセレクトした「MUJI to GO」は、移動時に必要になった物をすぐに購入できるように、定番アイテムをコンパクトに凝縮してターミナル駅や空港で販売している。

商品、店舗は、2012年時点のものです。

無印良品 ☗ www.muji.net
MUJI to GO ☗ www.muji.com/jp/mujitogo/

ちょっと長めの、編集長後記

江戸と東京は違います?!

ナガオカケンメイ

毎号、自分のパソコン（MacBook Air）の中に、その取材対象の都道府県のイメージ音楽アルバムを作り、繰り返し聴きます。そうして東京をイメージする、また、『東京』ってCDがもしできたら、こんな曲が入っていたらいいな、というアルバムです。それを聴きながら原稿を書いたりする。印象と願望。「東京って、こんなかな」という印象と、「東京って、こんな感じであってほしいな」という願望。どんな県の号を作る時も、この二つの想いを大切にします。表紙はまさにその結実したものと言えます。紹介するだけでなく、みんなで東京の進化をイメージするのです。

東京は、日本一のメディアの街。長年住んでいる僕らですら、電車に乗って数十分の場所の様々をテレビや雑誌で知り、それらの情報から想像を膨らませ「東京のイメージ」をつくっていく。そして、東京はまた、それが上手です。

今回の取材で下町、町人・商人の街のエリアを「東京らしい」と思いたい人が多くいることを実感しました。昔、一〇年や二〇年前は、観光客や若者たちが集中し、外国からのトレンドがひしめくテーマパークのような渋谷や表参道、六本木や銀座が東京であったのにです。どんな街にも当てはまるでしょう。「人口の密集する繁華街がその街だ」と言う思い。そのエリアに一年に一回くらいしか行かなくても、自分の故郷ですら、「イメージと願望」は分かれることがある。面白いですね。果たして、「東京」とはどこを指すのか。一つに絞る必要はもちろんありませんが、時代によって「東

department, and some people suggested splitting into two volumes. In the end, we decided to combine the images and desires of the two Tokyo in line with the policy of producing one volume for each of the 47 prefectures without any bias. And the final product is an evolved Tokyo volume. Actually, several of the places selected for the first edition (published on Sep 1, 2012) have since closed down, and we have added new places chosen according to our criteria in this revised edition. Without exception, the places and people selected for this edition have stronger "feelings for Tokyo and the neighborhoods in which they are used to living" rather than doing business. Therefore, they often reveal the difficulty of keeping a business running. In any case, those shops that are still carrying on need to have fans who will keep on supporting them.

For the cover, we have used a cover from another issue of COMMES des GARCON's "Six" to express the concept of the creations of Tokyo that continue to live on.

ナガオカケンメイ　1965年北海道生まれ。2000年デザイナーが考える消費の場を追求すべくデザインとリサイクルを融合した新事業「D&DEPARTMENT PROJECT」を開始。2009年『d design travel』創刊。

Kenmei Nagaoka　Born in Hokkaido in 1965. Founded a company, D&DEPARTMENT PROJECT under the concept of combining designs in search of a consumer market and recycling of designed objects in 2000. Published first issue of "d design travel" in 2009.

京」さえも、人の温かみのあるエリアに何となく意識が移っていて、これからがますます楽しみになった取材中のワクワクする気持ちを思い出します。

　こんなエピソードもありました。浅草に住むひとりの江戸っ子の方から、「江戸と東京は違うから、それを混同しないでね」と言われたのです。先に書きました「どこが東京なのか」と言う話です。結果、編集部の中がザワついて、二冊に分けるという意見も出たりしましたが、四七都道府県の号を公平に作るというポリシーに則《のっと》り、二つの東京のイメージと願望を、一つにまとめました。そうして作った「東京号」ですが進化しています。実はこの号はいくつかの選定した場所が閉店などしたことを受け、新たに私たちの基準に従って選びだし、初版（二〇一二年九月一日発行）に加えたものです。私たちが選び出す場所や人は、例外なく商売よりも手前に「東京や住み慣れた街を思う気持ち」を強く持っています。それが故、やはりなかなか継続していくことの難しさもさらしている。貫いているそうした店たちには、やはり、いつまでも応援し続けるファンが必要なんですね。メディアの街、東京だからこその「消費されないような努力」ってあるのだと思うところです。表紙は初版のコムデギャルソンの『Six』の他の号のものを使わせていただき、受け継ぐ東京のクリエイションを表現しました。もしかしたら二冊並べて、ニヤッとされる方もいるかもしれませんね。あ、それ、僕ですね（笑）。

A slightly long editor's postscript

By Kenmei Nagaoka

Edo and Tokyo are not the same!

In researching this volume, I discovered that many people want to believe that the areas of merchants and townspeople are most representative of Tokyo. Only 10, 20 years ago, the theme park-like areas of Shibuya, Omotesando, Roppongi and Ginza, which drew tourists and young people with imported trends, were considered the representative neighborhoods of Tokyo. I guess this applies to any kind of city – the idea that any bustling area with a high population density is representative of that city even though you may go there only once a year. Even for your own hometown, there is a divide between "image and desire"

Here I want to share an interesting episode. One true-born Edo-ite living in Asakusa said to me, "Edo and Tokyo are different. Don't get them confused, alright?" This goes back to the discussion about where the real Tokyo is I mentioned earlier. The Edo-ite's statement shook up the editorial

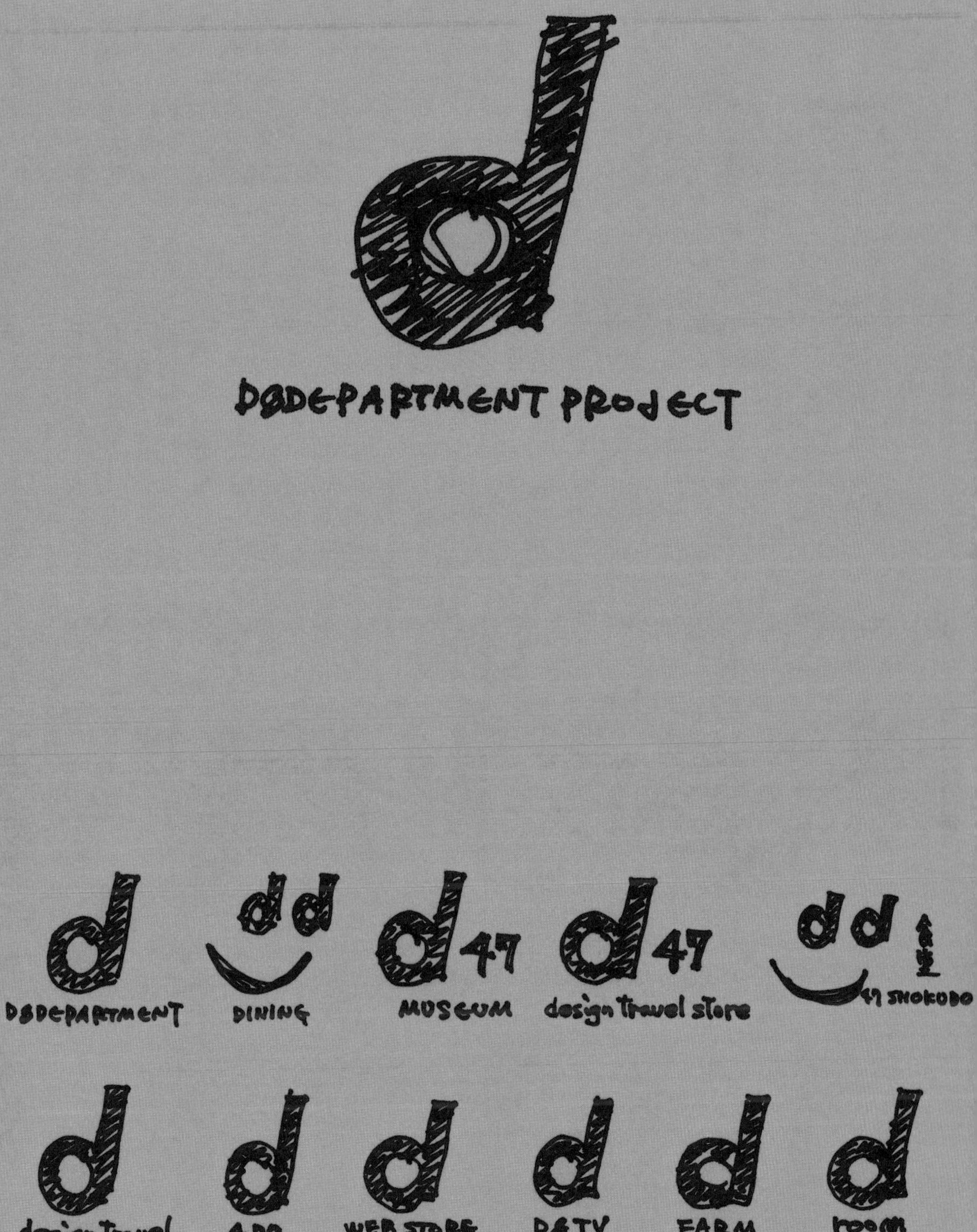
D&DEPARTMENT PROJECT
D&DEPARTMENT
DINING
47
MUSEUM
47
design travel store
食堂
47 SHOKUDO
design travel
APP
WEB STORE
D&TV
FARM
room

d47 MUSEUM

2012年4月26日、渋谷ヒカリエ8階のクリエイティブスペース「8/」(はち)に、D&DEPARTMENT PROJECTがディレクションする47都道府県の魅力を発信するスペースがオープン。渋谷の真ん中で、日本のらしさのひとつひとつを「解説」し、「販売」し、そして「食べて飲んで」もらうことで、立体的に日本を伝える新しいスタイルをつくります。「d47 MUSEUM」は、日本初、47都道府県をテーマにした“日本のものづくりの今”を知るデザインミュージアムです。dは「design」のd、47は「47都道府県」の数。47都道府県の情報を、俯瞰して眺められる企画展示をメインに様々な講演、実演、販売、体験、ワークショップなどが連動し、今の日本を実感できる、日本初のデザイン物産美術館です。

第1弾企画「NIPPON DESIGN TRAVEL -47都道府県のデザイン旅行-」では、47都道府県からそれぞれ、観光・食事・お茶・買物・宿泊・人の6項目を独自の基準で選定。

d47 MUSEUMの企画と連動するコーナーでは、展示物の一部を販売。ミュージアムの企画をより立体的に体験することができます。

d47 MUSEUM
d47 design travel store
d47 SHOKUDO

d47 MUSEUM / d47 design travel store / d47食堂

渋谷区渋谷2-21-1 渋谷ヒカリエ8階
03-6427-2301(ミュージアム/ショップ)
03-6427-2303(食堂)
www.d47museum.com
JR線・京王井の頭線「渋谷駅」と2階連絡通路で直結。東京メトロ銀座線「渋谷駅」と1階で直結。東急東横線・田園都市線・東京メトロ半蔵門線・副都心線「渋谷駅」B5出口と直結。

d47 design travel store

「d47 design travel store」は「d47 MUSEUM」に併設するショップで、デザインガイドブック d design travel 編集部が、これまで日本全国の取材を通して出会ったものを、日本のクラフトや物産を中心に、つくり手とその思いを紹介しながら販売します。d design travelの活動を通じて発掘した土地の魅力を体験できる、勉強会やワークショップなどのイベントのほか、トラベルツアーも企画します。また、ショップの一角には、編集部がこれまでに蓄積した47都道府県ごとの観光情報ファイルが設置されています。自由に閲覧することができ、渋谷の中心で日本中のデザイン情報が集まる場所となります。

日本各地のその土地らしいものづくりを紹介。年間を通じて、様々な特集を企画しながら、各地の生産者の思いや活動を伝えます。

栃木県・益子の陶芸家、鈴木稔さんをお迎えして、益子焼の箸置きとフリーカップを制作するワークショップを開催。作り手との貴重な交流の場となります。

浄法寺漆のふるさと岩手県二戸市に暮らす人々を訪ねながら、その土地に根づく食、ものづくり、文化や風習、自然を巡るツアーを開催。

d47 食堂 SHOKUDO

「d47食堂」は「d47 MUSEUM」に併設するレストランで、47都道府県の食をテーマに、月替わりの都道府県定食や旬の素材をつかったごはんが味わえる食堂です。日本全国のクラフトビールや国産ワインも取り揃え、その生産者や器の作り手の思いとともに伝えます。各地のお酒やジュースの飲み比べ、生産者を招いてのワークショップや勉強会など、食に関わるイベントも定期的に開催。「おいしく正しい日本のご飯」を伝えます。

第2弾企画と連動して、展示された都道府県すべてのビールがメニューに登場。企画ごとに日本を感じる食事をさまざまな方法で提案します。

沖縄店オープンに併せて沖縄定食が登場。定番のゴーヤチャンプルーに加え、小鉢では島オクラやナーベラー(ヘチマ)など、その土地ならではの素材を表現。

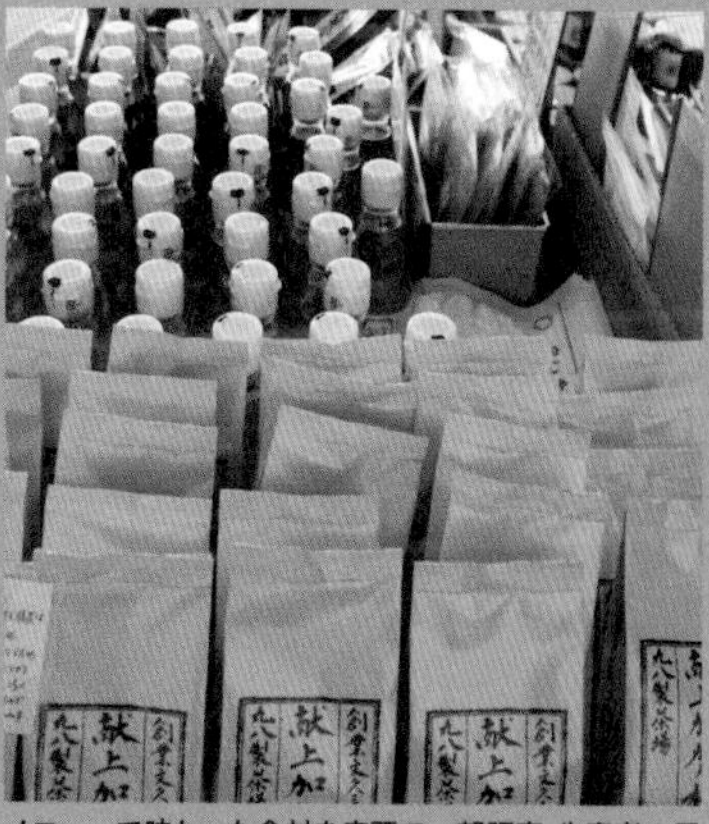

メニューで味わった食材を店頭で一部販売。生産者の思いを伝えるスタッフのコメントとともに、各地の食材を紹介しています。

会員みんなでつくる

ロングライフデザインの会会員紹介

D&DEPARTMENTの活動を通じて「ながくつづく」を研究、紹介、活用しながら、いい店や場所、生活道具がいつまでも存在し続くように、そこに大切な意識を広める場として発足した「ロングライフデザインの会」。地域や仲間と繋がり、持続性を生み出すD&DEPARTMENTの活動を、年間を通して応援いただく会員制度です。

今村製陶［JICON］
version zero dot nine
漆工芸大下香仙株式会社［Classic Ko］
亀﨑染工有限会社
カリモク家具
株式会社キャップライター
ダイアテック［BRUNO］
大地の芸術祭
デザインモリコネクション
株式会社東京チェンソーズ
ドライブディレクション
日本デザイン振興会
FUTAGAMI

AHH!!／アールズスタジオ 村上理枝／相沢慎弥／四十沢木材工芸／淺井勇樹
あさのゆか（朝から晩まで）／浅見要介／安積とも絵／飯島俊幸／礒 健介／一湊珈琲焙煎所
inutaku3／入多由紀恵／石見神楽東京社中 小加本行広／株式会社 INSTOCK／うた種
mldkdesigns LLC／August Kekulé／大治将典／有限会社 大鷹／大山 曜
オクムサ・マルシェ／カーサプロジェクト株式会社／風の杜／弁護士法人 片岡総合法律事務所
金子さつき／河野秀樹／菅野悦子／機山洋酒工業 株式会社／国井純（ひたちなか市役所）
黒野 剛／桑原仙溪／桑原宏充／コクウ珈琲／COCOO 前田／kobayashi pottery studio
コルポ建築設計事務所／COMFORT STYLE Co.,Ltd.／今 由美／酒井貴子／坂口慶樹
坂本正文／佐賀義之／サトウツヨシ／佐藤丈公／讃岐かがり手まり保存会／saredo されど
志ば久 久保 統／JunMomo／白川郷山本屋 山本愛子／白崎龍弥・酒井晴菜／白藤協子
株式会社 杉工場／村主暢子／STAN STORE TOKYO／sail 中村圭吾／タイタイスタジオ
竹原あき子／ちいさな庭／智里／株式会社 津乃吉／妻形 円／紡ぎ詩／水流一水
つるまきばね／Daiton／DESIGN CLIPS／DO-EYE-DO／とくら建築設計
鳥居大資／DRAWING AND MANUAL／中村亮太／Nabe／南條百恵実／西山 薫
梅月堂／初亀醸造 株式会社／林口砂里／原田將裕（茅ヶ崎市役所）／ハルバル材木座
HUMBLE CRAFT／東尾厚志／東島未來／日の出屋製菓 千種啓資／ひろ
Hiroshi Tatebe／fhans-satoshi／POOL INC. 小西利行／深石英樹／藤枝 碧
藤澤純子／藤原慎也／plateau books／FURIKAKE 得丸成人／古屋万恵／古屋ゆりか
株式会社ぶんぶく／ホテルニューニシノ／Marc Mailhot／松田菜央
マルヒの干しいも 黒澤一欽／みうらけいこ／道場文香／峯川 大／宮崎会計事務所
meadow_walk／森内理子／森 光男／八重田和志／谷澤咲良／山口愛由子
ヤマコヤ やまさき薫／山崎義樹／ヤマモト ケンジ／山本文子／山本八重子／山本 凌
梁 有鎮／横山純子／横山正芳／吉永ゆかり／ロクノゴジュウナナ／若松哲也／鷲平拓也
他 匿名44名（五十音順・敬称略）

※2023年8月末までに入会された個人・法人会員の方々の内、お名前掲載にご同意いただきました方々をご紹介しています。

D&DEPARTMENT SHOP LIST

D&DEPARTMENT HOKKAIDO
by 3KG
北海道札幌市中央区大通西17-1-7
☎011-303-3333
O-dori Nishi 17-1-7, Chuo-ku,
Sapporo, Hokkaido

D&DEPARTMENT FUKUSHIMA
by KORIYAMA CITY
福島県郡山市燧田195 JR郡山駅2F
こおりやま観光案内所内
☎024-983-9700
JR Koriyama Station 2F
(Koriyama tourist information center),
195 Hiuchida, Koriyama, Fukushima

D&DEPARTMENT SAITAMA
by PUBLIC DINER
埼玉県熊谷市肥塚4-29 PUBLIC DINER
屋上テラス
☎048-580-7316
PUBLIC DINER Rooftop Terrace
4-29 Koizuka, Kumagaya, Saitama

D&DEPARTMENT TOKYO
東京都世田谷区奥沢8-3-2-2F
☎03-5752-0120
Okusawa 8-3-2-2F, Setagaya-ku, Tokyo

D&DEPARTMENT TOYAMA
富山県富山市新総曲輪4-18
富山県民会館 1F
☎076-471-7791
Toyama-kenminkaikan 1F, Shinsogawa
4-18, Toyama, Toyama

d news aichi agui
愛知県知多郡阿久比町矢高五反田37-2
☎0569-84-9933
Yatakagotanda 37-2, Agui-cho,
Chita-gun Aichi

D&DEPARTMENT MIE
by VISON
三重県多気郡多気町ヴィソン 672-1
サンセバスチャン通り6
☎0598-67-8570
6 Sansebastian-dori, 672-1Vison,Taki-cho,
Taki-gun Mie

D&DEPARTMENT KYOTO
京都府京都市下京区高倉通仏光寺
下ル新開町397 本山佛光寺内
☎ショップ 075-343-3217
食堂 075-343-3215
Bukkoji Temple, Takakura-dori Bukkoji
Sagaru Shinkai-cho 397, Shimogyo-ku,
Kyoto, Kyoto

D&DEPARTMENT KAGOSHIMA
by MARUYA
鹿児島県鹿児島市呉服町6-5
マルヤガーデンズ4F
☎099-248-7804
Maruya gardens 4F, Gofuku-machi 6-5,
Kagoshima, Kagoshima

D&DEPARTMENT OKINAWA
by PLAZA 3
沖縄県沖縄市久保田3-1-12 プラザハウス
ショッピングセンター 2F
☎098-894-2112
PLAZA HOUSE SHOPPING CENTER 2F,
3-1-12 Kubota, Okinawa, Okinawa

D&DEPARTMENT SEOUL
by MILLIMETER MILLIGRAM
ソウル市龍山《ヨンサン》区《グ》梨《イ》泰《テ》 院《ウオン》 路《ロ》240
☎ +82 2 795 1520
Itaewon-ro 240, Yongsan-gu,
Seoul, Korea

D&DEPARTMENT JEJU
by ARARIO
済州島《チエジュトウ》 済州《チエジュ》市《シ》 塔洞《ダブドン》路《ロ》 2ギル 3
☎ +82 64-753-9904/9905
3, Topdong-ro 2-gil, Jeju-si,
Jeju-do, Korea

D&DEPARTMENT HUANGSHAN
by Bishan Crafts Cooperatives
安徽省黄山市黟県碧阳镇碧山村
☎ +86 13339094163
Bishan Village, Yi County, Huangshan City,
Anhui Province, China

d47 MUSEUM / d47 design travel store /
d47食堂
東京都渋谷区渋谷2-21-1 渋谷ヒカリエ 8F
☎d47 MUSEUM/d47 design travel store
03-6427-2301　d47食堂 03-6427-2303
Shibuya Hikarie 8F, Shibuya 2-21-1,
Shibuya, Tokyo

&DEPARTMENT D&DEPARTMEN

OTHER ISSUES IN PRINT

1 北海道 HOKKAIDO	2 鹿児島 KAGOSHIMA	3 大阪 OSAKA	4 長野 NAGANO	5 静岡 SHIZUOKA	6 栃木 TOCHIGI	7 山梨 YAMANASHI	9 山口 YAMAGUCHI
10 沖縄 OKINAWA	11 富山 TOYAMA	11.2 富山2 TOYAMA2	12. 佐賀 SAGA	13 福岡 FUKUOKA	14 山形 YAMAGATA	15 大分 OITA	16 京都 KYOTO
17 滋賀 SHIGA	18 岐阜 GIFU	19 愛知 AICHI	20. 奈良 NARA	21 埼玉 SAITAMA	22 群馬 GUNMA	23 千葉 CHIBA	24 岩手 IWATE
25 高知 KOCHI	26 香川 KAGAWA	27 愛媛 EHIME	28. 岡山 OKAYAMA	29 茨城 IBARAKI	30 福島 FUKUSHIMA	31 三重 MIE	32 神奈川 KANAGAWA

HOW TO BUY

「d design travel」シリーズのご購入には、下記の方法があります。

店頭で購入
Physical Stores

・D&DEPARTMENT 各店（店舗情報 P.159）
・お近くの書店（全国の主要書店にて取り扱い中。在庫がない場合は、書店に取り寄せをご依頼いただけます）

ネットショップで購入
Online Stores

・D&DEPARTMENT ネットショップ www.d-department.com
・D&DEPARTMENT global site www.ddepartment.com
・Amazon amazon.co.jp
・富士山マガジンサービス(定期購読、1冊購入ともに可能) www.fujisan.co.jp

＊書店以外に、全国のインテリアショップ、ライフスタイルショップ、ミュージアムショップでもお取り扱いがあります。
＊お近くの販売店のご案内、在庫などのお問い合わせは、D&DEPARTMENT PROJECT 本部・書籍流通チームまでご連絡ください。(03-5752-0520 平日9:00-18:00)

D&DEPARTMENT PROJECT
FRIENDS

47 REASONS TO TRAVEL IN JAPAN

002
青森
AOMORI

A-FACTORY
青森県青森市柳川1-4-2
017-752-1890
https://jre-abc.com/wp/afactory/
A-Factory
1-4-2 Yanakawa, Aomori-shi, Aomori

“青森中のおいしい”が凝縮した施設　JR青森駅前の1等地に立地。片山正通氏が設計した全2フロアーの建物に、厳選した県産りんご、ふじとジョナゴールドを使用したシードルを製造する工房と、地元のこだわり食材を提供するマルシェなどが併設。美味な県産りんごのスイーツ等を提供するカフェや、旬の地産食材を使ったイタリアンやお鮨《すし》、十和田で人気の「バラ焼き(牛バラ肉と大量のタマネギの鉄板焼き)」などが食べられる複数のレストランも充実。お茶に立ち寄るだけでも青森らしさが満喫できる。(松本典子／ライター)

A place that offers deliciousness from all over Aomori
Located in a prime location across from the JR Aomori Station, the two-story building designed by Masamichi Katayama houses a factory that brews cider made of carefully selected Fuji and Jona Gold apples from Aomori, a market that sells select local produce, and a café that offers sweets made from local apples, as well as various restaurants including an Italian restaurant and sushi restaurant that use seasonal local ingredients and a restaurant that specializes in bara yaki (beef flank grilled with copious amounts of onions on a griddle), which is a popular dish in Towada. (Noriko Matsumoto, writer)

001
北海道
HOKKAIDO

札幌国際短編映画祭
北海道札幌市白石区東札幌5条1-1-1
011-817-8924
http://sapporoshortfest.jp
Sapporo International Short Film Festival and Market
1-1-1Higashisapporo-5-jo, Shiraishi-ku, Sapporo-shi, Hokkaido

秋の札幌を楽しむ国際映画祭　秋の北海道の恒例イベントとして定着した「札幌国際短編映画祭」、通称「SAPPORO ショートフェスト」。インターネットを通じて毎年約2700本の作品を世界各地から集めて上映するというアイデアは、地方都市が世界とつながるために、プロデューサーの久保俊哉氏が長年温めてきたもの。一方、地元のボランティアチームを組織したり、北海道在住の監督をフィーチャーしたプログラムを組むなど、国際性と地域性のバランスのよさが魅力。道外から訪れる人々には、トウモロコシやジャガイモなど収穫の秋を迎えた北海道代表の美味な食材や、美しい紅葉を楽しむ時間も予定に入れて楽しんでほしい。(佐々木信／D&DEPARTMENT PROJECT SAPPORO by 3KG)

An international film festival for enjoying Sapporo in the fall
The Sapporo International Short Film Festival and Market, known as Sapporo Short Fest, is established as a regular fall event in Sapporo. Festival producer Toshiya Kubo had been working for years on the Festival concept of soliciting approximately 2,700 films annually from worldwide via the Internet to connect the regional city of Sapporo to the world. The Festival also offers programs of local Hokkaido directors and creates a perfect balance between regional and international content. I hope that people who travel to the Festival will also take time to enjoy the tasty seasonal Hokkaido produce and take in the foliage. (Shin Sasaki, D&DEPARTMENT PROJECT SAPPORO by 3KG)

003 岩手 IWATE

そば処 東家本店
岩手県盛岡市中ノ橋通1-8-3
019-622-2252
http://www.wankosoba-azumaya.co.jp
Azumaya Soba-Restaurant
1-8-3 Nakanohashi-dori, Morioka-shi, Iwate

古さと新しさが常に融合する盛岡の老舗そば割烹料理店 創業1907(明治40)年、旧葺手町《ふきでちょう》に暖簾《のれん》を構えるわんこそばの名店である。椀をはじめとする漆器の数々や、瓦屋根の建物全体を修繕して使い続け、老舗割烹《かつぽう》の歴史を大事に守っている。一方でお客様のニーズの変化にも柔軟に対応。誰もが利用しやすいよう1階座敷をイス席に改装。小泉誠デザインのイスとテーブルがずらりと並ぶ。朱赤を基調としたすっきりとした空間は、伝統と現代がバランスよく調和している。おそばに並ぶ人気メニューは特製カツ丼。カリッと揚がったトンカツに黒コショウがきいている。味はもちろん、ボリューム満点。(岩井澤由美子／有限会社岩井沢工務所)

A long-standing soba and kappo restaurant in Morioka that combines the old with the new Established in 1907 and located in Fukidecho, Azumaya is known for its wanko-soba. The entire tiled roof building has been repaired to maintain the history of this well-established kappo restaurant. The first floor, which previously offered floor seating, has been renovated for chair seating to make the space more accessible to all and is filled with chairs and tables designed by Makoto Koizumi. The uncluttered room, which has a vermillion red tone, perfectly balances tradition with the modern. The second most popular dish after soba is the special pork cutlet bowl, which features a crisp fried pork cutlet topped with zesty black pepper. (Yumiko Iwaizawa, Iwaizawa Koumusho)

004 宮城 MIYAGI

ふみえはらはん
宮城県加美郡加美町字中嶋南田1-19
0229-67-6051
http://ww5.et.tiki.ne.jp/~amedio
Fumieharahan
1-19 Minamida, Nakajima, Kami-machi, Kami-gun, Miyagi

宮城のスローフードとは、こういうこと 宮城県北部の原風景とも言える「居《い》久《ぐ》根《ね》(屋敷林)」に囲まれた古民家。江戸末期に建てられた農家の佇《たたず》まいそのままに、「ふみえはらはん」は営まれている。その日に収穫できた食材を使うため決まった献立はなく、3日前までの完全予約制で、メニューは日替わりのセット1種類のみという潔さ。それ故、地場の食材をいちばん美味しい時季に食べることができる。歴史の重みある屋内ながら堅苦しくないのは、「観光カリスマ百選」に選定されたオーナー渋谷文枝さん自身が、お客さんとの会話を楽しんでいるからこそ。宮城の食材・風景と共に、東北独特の温かみも感じられる店。(押切一哲／鈴木弘人設計事務所)

This is the definition of slow food in Miyagi Fumieharan is housed in an old private home surrounded by the woodlands of Igune, the quintessential landscape of northern Miyagi prefecture. Reservations are required at least three days in advance as the food is prepared with ingredients gathered on the day of the meal. Only one set menu, which changes daily and is made with local and seasonal ingredients, is offered. Although housed in historical architecture, Fumieharan feels unstuffy because the owner Fumie Shibuya, who was included in the Selection of Successful Tourism Experts, converses casually and joyfully with her customers. This is a restaurant that offers not only ingredients and landscapes local to Miyagi, but also human warmth distinct to the area. (Kazunori Oshikiri, Hiroto Suzuki Architects & Associates)

006 山形 YAMAGATA

吉里吉里
山形県天童市大字高擶北137-4
023-655-5670
http://sobakirikiri.blog.shinobi.jp
Kirikiri
137-4 Takadamakita, Tendo-shi, Yamagata

005 秋田 AKITA

秋田内陸縦貫鉄道
秋田県北秋田市阿仁銀山字下新町41-1
0186-82-3231
http://www.akita-nairiku.com
Akita Nairiku Jukan Railway
41-1 Shimoshin-machi, Aniginzan, Kitaakita-shi, Akita

ご夫婦の気遣いに満ち満ちた山形の蕎麦屋　歴史を感じさせる邸宅が建ち並ぶ天童市高擶《たかだま》地区に「吉里吉里」はある。実の外皮を除いた丸抜きを石臼挽《び》きした細打ちの「ざるそば」と、更《さら》科《しな》でやや太めの「ざいごそば」、さらには全粒粉挽きぐるみの「太い十割 田舎そば」の3種の蕎麦《そば》が楽しめる。実の処理や太さは異なるが、いずれも十割蕎麦である。寄せ豆腐や、旬の素材の天ぷらなど一品料理も美味しい。食後に山形鋳物の鉄瓶で蕎麦湯を出してくれるのもうれしい限り、とても美味しい。器も調度品も、ご夫婦が本当にお気に入りの物を選んで使っていることが感じられる。(喜《き》早《そう》洋介／やまがた芸術倶楽部 代表)

A Yamagata soba restaurant filled with a husband and wife's thoughtfulness　Kirikiri, located in the Takadama area of Tendo-shi, offers three types of soba: a thin zaru soba made by grinding peeled buckwheat seeds in a stone mill, a slightly thicker sarashina zaigo soba, and a wholegrain sukigurumi thick all-buckwheat country soba. Kirikiri's a la carte menu including yose tofu and tempura of seasonal ingredients are also delicious. After the meal, soba-yu (the water the soba was cooked in) is served in beautiful Yamagata cast iron ironware. It's apparent that the husband and wife owners have lovingly selected all the dishes and furniture. (Yosuke Kiso, Representative of Yamagata Geijutsu Club)

車窓からの舞台的演出と根子集落　秋田県北部の鷹巣《たかのす》駅と南部の角館《かくのだて》駅をつなぐローカル鉄道。先頭車両に乗って、運転席の前窓に注目してほしい。秋田杉の林を抜け、温泉付きの駅景や、田んぼでの農作業風景など、のんびりとした秋田の自然を満喫できる。中でも笑内《おかしない》駅を降りて20分ほど歩いた所にあるマタギ発祥の地・根子《ねっこ》集落は別世界のよう。集落への唯一の出入口である根子トンネルは、車両1台がやっと通れる幅で、ここを抜けると急に視界が開け「にほんの里100選」に選ばれた風景を一望できる。まるで突然の回転舞台のように移り変わる光景は、この路線に乗って訪れなければ決して出会えない。(石山拓真／ゼロダテ アート プロジェクト)

Stage-like presentation and the Netsuko villages through the window of a train　The Akita Nairiku Jukan Railway runs between Takanosu Station in the north and Kakunodate Stations in the south of Akita Prefecture. The train runs through a forest of Akita cedar, stations with hot springs, scenes of farm work, and other views of nature in Akita. The Nekko villages—a twenty-minute-walk away from Okashinai Station—is the birthplace of matagi and offers a view into another world. Going through the extremely narrow Netsuko tunnel, which is just wide enough for one car, is the only way to access the villages. Emerging out of the tunnel, one is greeted by a landscape that is included in 100 Select Japanese Villages. The villages can only be accessed by traveling on the Akita Nairiku Jukan Railway. (Takuma Ishiyama, Zero Date Art Project)

008 茨城 IBARAKI

水戸芸術館
茨城県水戸市五軒町1-6-8
029-227-8111
https://www.arttowermito.or.jp
Art Tower Mito
1-6-8 Goken-cho, Mito-shi, Ibaraki

水戸芸術館全景 撮影:田澤 純 写真提供:水戸芸術館

開館から20年以上、常に市民芸術の中心的存在 現代美術ギャラリー、コンサートホール、劇場、3つの専用空間を持つ複合文化施設として、1990年に開館。設計は建築家の磯崎新。高さ100メートルの通称「アートタワー」は市内のあらゆる場所から目に入る街のシンボル。2006年にグラフィックデザイナーの佐藤卓展、2012年には鉄道などのデザインを手掛けてきた水戸岡鋭治氏の個展を開催。また、市民向けのワークショップも多数開催するなど、東京から積極的に地方に来る美術館の先駆けとして、開館から22年経った今もなお、芸術における、市民の精神的支柱として存在している。(沼田健一／trattoria blackbird シェフ)

20 years after opening, museum remains a core artistic presence for local citizens Designed by Arata Isozaki, Art Tower Mito opened as a cultural complex comprising a contemporary art gallery, concert hall, and theater in 1990. The 100-meter tall Art Tower is visible from anywhere in town. In 2006, the complex presented an exhibition of the works of graphic designer Taku Sato and an exhibition of works by Eiji Mitooka, who is best known for his train car designs. 22 years after opening as one of the first regional museums that proactively brought in visitors from Tokyo, Art Mito Tower remains a spiritual pillar for local residents. (Kenichi Numata, Chef at trattoria blackbird)

007 福島 FUKUSHIMA

大内宿
福島県南会津郡下郷町大字大内
0241-68-3611(大内宿観光協会)
http://ouchi-juku.com/
Ouchi-Juku
Ouchi, Shimogo-machi, Minamiaizu-gun, Fukushima

江戸の町並み、そのままに 会津若松ICより車で約35キロ。山に囲まれた「大内宿」は、かつて宿場町として栄えた町場。入り口は見落としてしまいそうなほど目立たないが、旧下野街道に足を踏み入れると全長約450メートルの街道の両側に、同じような大きさの茅《かや》葺《ぶ》き屋根の民家が40棟以上、整然と建ち並び、それぞれ蕎《そ》麦《ば》屋、茶屋、土産物屋などを営んでいる。この美しい区画は観光のため再開発されたものではなく、昔の家並みそのままだ。積雪期でも採光できるように雨戸の上部に和紙を貼った「上すかし雨戸」を使用するなど、雪国の宿場町ならではの工夫と歴史が生んだ風景を体感してほしい場所。(植田ゆかり／ライター)

Edo era streetscape preserved Located approximately 35 kilometers from the Aizu Wakamatsu interchange, Ouchijuku is a posting station that once flourished as a post town. Walking down the approximately 450-meter-long former Shimotsukekaido, one finds it tidily lined with over 40 old private homes with raftered roofs. These old homes house a soba restaurant, teahouse, souvenir shops, and more. The beautiful section of the street has been kept as is rather than redeveloped for tourism. The buildings feature unique architectural details such as the translucent top shutters, which have Japanese paper on the top part of the shutter to let light in during snow season. These details are products of ingenuity and history unique to a posting station in snowy region. (Yukari Ueda, writer)

010

群馬

GUNMA

呑龍文庫ももとせ
群馬県太田市金山町14-7
http://momotose.jp
Momotose
14-7 Kanayama-cho, Ota-shi, Gunma

土曜日だけオープンの日本茶サロン　太田市にある「呑龍《どんりゅう》さま」こと大光院。その参道にひっそりと土曜日だけ日本茶カフェがオープンする。凛《りん》とした雰囲気の内装は、この場所で以前ギャラリーを営んでいた現「eN design」の稲村淳一さんが手がけた。集まって楽しいことができる場所が欲しいと現オーナーの木口和也さんが2011年3月に引き継いだ。木口さんは都内でWebデザイナーをしているが、土曜に夫婦で群馬へやってきて店を開く。茶道を学ぶオーナーの日本茶を各地の作家の味のある器で愉《たの》しめる。近くの金山城址《かなやまじょうし》を散策して立ち寄りたい。ゆったりしたとした時間が流れる店内で、人が出会い、新しい関係が生まれていく。(中村実穂／日用雑貨「mother tool」)

A Japanese tea salon that is only open on Saturdays　Every Saturday, a Japanese tea café quietly opens at Daikoin temple, also known as Donryu-sama, in Oita. The dignified interior of the café was designed by Junichi Imamura, who previously operated a gallery and now runs eN design. The current owner Kazuya Kiguchi, took over the place in March 2011 because he wanted to create a place where people gather and have fun. Kiguchi works as a web designer in Tokyo, but comes to Gunma on Saturdays with his wife to open the café. The owber, who studies the art of tea ceremony, serves Japanese tea in unique cups made by artists from all over Japan. It is a great place to visit after strolling around the nearby Kanayama Joushi. (Miho Nakamura, miscellaneous daily goods mother tool)

009

栃木

TOCHIGI

mikumari
栃木県芳賀郡芳賀町東水沼1032-12
028-677-3250
http://mikumari2006.blog108.fc2.com/
mikumari
1032-12 Higashi-mizunuma, Haga-machi, Haga-gun, Tochigi

地場の恵みを分かち合える場所　宇都宮市中心部から車で約30分の田園地帯。野の花が生い茂る石畳の階段。錆《さ》びついた小さな看板に「mikumari」の文字。「ミクマリ(水分《みくわ》り)」とは、山から流れ出る水の分岐点を意味し(水配《みくわ》り)、分け合う万物の源である水のように大切な存在で身近にあってほしいという思いが込められている。益子《ましこ》町の「starnet」で修業をし、独立した高橋尚邦さんがたった一人で切り盛りする店内では、肉料理と、地元産の穫《と》れたてのトマトやカブなど、色とりどりの新鮮な野菜を美しく盛り合わせた日替わりプレートをいただける。素材そのものの甘み、苦みをしっかりと味わうことができる。(柏次みゆき／かしわじ酒店)

A place to share the gifts of the land　In a rural area approximately 30-minute away from central Utusnomiya by car is a small rusty sign for a restaurant called mikumari, which is a Japanese word for the point at which water flowing form the mountain bifurcates. The restaurant owner Naokuni Takahashi wanted his establishment to be an important and close to people's hearts like water, which is shared as the origin of all life. Takahashi trained at starnet in Mashiko and now operates mikumari alone. The restaurant serves daily plates with meat dishes and a colorful selection of freshly picked local vegetables such as tomatoes and turnips. (Miyuki Kashiwaji, Kashiwaji Liquors)

012 千葉 CHIBA

D's House　※現在閉店
千葉県南房総市池之内430-4
0470-36-1400
http://fsf-dew.com/dew-web/Ds_House.html
D's House
430-4 Ikenouchi, Minamiboso-shi, Chiba

雑木・竹林の中のセルフ・ビルド・ハウス　南房総の三芳地区は四方を低い山々に囲まれ、のどかな田園風景が広がる純農村地域。この地で、馬や牛に引かせる犂《すき》を背もたれにあしらったチェアなど、古い農具や鉄材を使ってオリジナル家具を制作する今井茂淑《しげとし》さんが、カフェ・ギャラリー脇に自らの手で設けたコテージ。白壁とフローリングの50平方メートルほどの空間で、手造りの調度品に囲まれて過ごす一夜は、とても静かでリラックスできる。定員は4名。(松本典子／ライター)

A self-built house in middle of the woods　The Miyoshi district in Minamiboso is a pastoral and purely agricultural area surrounded by low mountains. Shigetoshi Imai, who creates unique furniture made from recycled farming tools and steel materials such as a chair with a plow as a backrest, has built a cottage next to his café gallery. The 50-square-meter space has wood floors and white walls. Spend a night, surrounded by homemade furniture, in the quiet cottage for a very relaxing time. Maximum capacity: 4. (Noriko Matsumoto, writer)

011 埼玉 SAITAMA

川越アートカフェ エレバート
埼玉県川越市仲町6-4
049-222-0241
Art Cafe Elevato
6-4 Naka-cho, Kawagoe-shi, Saitama

大正ルネサンスを今に伝える土蔵造りカフェ　川越では1893年の大火をきっかけに、厚い土壁に覆われた伝統的な「蔵造り」が防火建築として普及した。「川越アートカフェ エレバート」の入る「旧田中屋」は1915年に建てられたもので、外観は石造りの洋館だが、中は土蔵のような造り。1階の天井は4メートル近くも高さがあり、2階のカウンター席からは縦長の大きな窓越しに蔵造りの街並みが楽しめる。低農薬のオリジナルコーヒーが美味しい。1組限定のスペシャルシートにも座ってみたい。(松本典子／ライター)

A café housed in an old Japanese-style storehouse brings the Taisho renaissance to the present　After the great fire of 1893, traditional kura storehouses made with thick clay walls spread in Kawagoe as fire-resistant architecture. The former Tanakaya, in which Kawagoe Art Café Elevato is housed, was built in 1915. Although its exterior resembles a western stone building, its interior is similar to a kura storehouse. The first floor ceiling is nearly four meters high. From the counter seats on the second floor, customers can look out the wide windows to take in the townscape populated by kura storehouses. The original reduced pesticide coffee is delicious. The seating limited to one party is also appealing. (Noriko Matsumoto, writer)

013
東京
TOKYO

洋菓子舗ウエスト目黒店　※現在閉店
東京都目黒区目黒1-3-16 目黒ハイツ2階
03-3493-6778
http://www.ginza-west.co.jp
Confectionery West Meguro Parlor
2F Meguro Heights, 1-3-16 Meguro, Meguro-ku, Tokyo

サロンの面影を伝える喫茶店　1947年、銀座にオープン。当初はコース料理を出すレストランだったが、都条例で高価なメニューが禁止され、喫茶店に転身。クラシックのレコードを楽しむイベントを始めたことから次第に文化人の集う場所となる。目黒店は権之助坂近くの、ガラス張りのティールーム。白いクロスのかかったテーブルと布張りのチェアが並び、サロンのムードが漂う。（松本典子／ライター）

A café that feels like a salon　Confectionery West opened in Ginza in 1947. It initially operated as a restaurant that served course meals, but when the Tokyo Metropolitan government outlawed expensive food items, it changed into a café. As a café, Confectionery West began holding classical music appreciation events, which drew cultural figures. The Meguro Parlor is a glass-walled tearoom near Gonnosukesaka. The tables with white tablecloth on them and fabric-covered chairs exude the atmosphere of a salon. (Noriko Matsumoto, writer)

015

新潟

NIIGATA

古町糀製造所
新潟県新潟市中央区古町通2-533
050-3338-4673
http://www.furumachi-kouji.com
Furumachi Kouji Seizousyo
2-533 Furumachi-dori, Chuo-ku, Niigata-shi, Niigata

日本の発酵の源「糀《こうじ》」の凄《すご》みを気づかせてくれる店　2009年に上古町《かみふるまち》商店街に突如現れた「古町糀製造所」は、日本の発酵文化・米糀、そこに携わる新潟の人達の魅力を世に伝える店であり、現在への挑戦とも言える。オーナーの葉葺《はぶき》正幸さんは、県出身であり、銀座でおむすび屋「十石」も営んでいる。糀の魅力を知ってから導かれるように様々な人に出会い、この店から次々と“糀の世界”に革命を起こしている。商店街の通りの景観を意識した閉店時も美しい木の引き戸の外装、店で出会う人達の交流を促す木のベンチなど、様々なデザインや工夫、仕掛けが詰まった場所だ。（迫一成／クリエイト集団「hickory03travelers」）

Place to make one appriciate koji, the origin of Japanese fermentation.　Furumachi Kouji, a store that suddenly appeared in 2009 in the Kamifurumachi Arcade. Furumachi Kouji ambitiously imparts the attraction of Japanese cultures surrounding fermentation and rice malt, and the people of Niigata involved in their production, to the world. Its owner Masayuki Habuki has instigated a number of revolutions in the world of rice malt. The exterior of the store features a beautiful wooden sliding door, which keeps the store, and the arcade it is in, attractive even while closed. The store also has a wooden bench to promote conversation between and with customers and many other design innovations and gimmicks. (Kazunari Sako, creative group hickory 03 travelers)

014

神奈川

KANAGAWA

横浜トリエンナーレ
神奈川県横浜市西区みなとみらい4-3-1 PLOT 48
横浜トリエンナーレ組織委員会事務局 仮事務所
045-663-7232
http://www.yokohamatriennale.jp
Yokohama Triennale
Organizing Committee for Yokohama Triennale OFFICE　c/o Yokohama Museum of Art, PLOT 48, 4-3-1 Minatomirai, Nishi-ku, Yokohama-shi, Kanagawa

現代アート都市になる港町・横浜　2001年からスタートした、3年に1度の国際現代アートの展覧会。毎回夏から秋にかけて開催され、現代アートを楽しみながら、みなとみらい周辺の名所を巡り、横浜の空気を存分に味わえるイベントになっている。2011年は「OUR MAGIC HOUR」というテーマで、ヘンリック・ホーカンソンの「倒れた森」や、ダミアン・ハーストの「知識の木」など、約80名のアーティストによる作品が出展された。歩いて各会場を巡り、作品を見ながら回遊することで、港街・横浜そのものも作品のように感じられ、みなとみらいの景観（日常）と現代アート（非日常）の行き来が新しい感興を与えてくれる。（三根真吾／企画制作団体chameleon副代表、ライター）

YIN Xiuzhen ≪ One Sentence ≫ 2011 Courtesy ALEXANDER OCHS GALLERIES BERLIN | BEIJING Photo by KIOKU Keizo Photo courtesy of Organizing Committee for Yokohama Triennale

Yokohama: A port city transforms into a contemporary art city　The Yokohama Triennale is an international contemporary art exhibition that started in 2001. Held from summer to fall, the event allows visitors to view contemporary art as they stroll around the Minatomirai area and take in the Yokohama atmosphere. The 2011 Triennale was organized under the theme Our Magic Hour and included works by approximately 80 artists including Henrik Håkansson's Fallen Forest. Walking between the multiple exhibition sites, one gets the feeling that the port city of Yokohama is a work of art itself. (Shingo Mine, Writer and Vice President of planning and production organization chameleon)

017
石川
ISHIKAWA

奥能登塩田村(道の駅 すず塩田村)
石川県珠洲市清水町1-58-1
0768-87-2040
https://enden.jp
Okunoto Endenmura (Michi no Eki Suzu-Endenmura)
1-58-1 Shimizu-machi, Suzu-shi, Ishikawa

江戸時代からの「揚げ浜式製塩」法は日本で唯一　能登半島は国内有数の塩の産地で、400年以上も前からの「揚げ浜式製塩」法を日本で唯一守り続ける地域。カルシウムなどのミネラルや栄養分を含んだ、うまみがあり舌触りのやさしい塩を生産する。塩田《えんでん》村館内では塩づくりの歴史や世界の塩文化に関する資料などを展示し、「揚げ浜塩」や「しおサイダー」「塩羊《よう》羹《かん》」などを販売するほか、揚げ浜式塩づくりの体験も行っている。(松本典子/ライター)

The only place in Japan that has used the agehamashiki salt refinement technique since the Edo era　The Noto Peninsula is one of Japan's most renowned salt-producing regions. It is the only place in Japan that practices the agehamashiki salt refinement technique, which has been in use for over 400 years. The technique produces salt that is rich in minerals and nutrients, full of umami, and gentle on the tongue. The Endenmura Museum shows materials relating to the history and culture of local salt production, sells agehama salt, salt cider, and salt adzuki bean jelly, and allows visitors to experience the agehamashiki salt production process. (Noriko Matsumoto, writer)

016
富山
TOYAMA

LIVING ART in OHYAMA
富山県富山市上滝525
076-483-2537
http://www.city.toyama.toyama.jp/etc/ohyama/livingart/index.htm
Living Art in Ohyama
525 Kamidaki, Toyama-shi, Toyama

木を、森を、地球を大切にするアートイベント　面積の93%以上が森林からなる富山市大山地域は、「木と出会えるまちづくり事業」を提唱し、様々な試みを行っている。その中でもアートスペース「VEGA」の貫場幸英氏がプロデュースし、2003年より毎年8月に開催されている「LIVING ART in OHYAMA」は子供達とアートを結ぶ大切なイベントだ。「木でできた未来の冒険道具」をテーマに子供達からデザインスケッチを募り、優秀賞とアイデア賞を選出。それらを、美術を専攻する学生達がカタチにし、当日の表彰式で発表することで子供達とアートをつなぐ。長友啓典氏、小泉誠氏、広谷純弘氏など錚々《そうそう》たるメンバーが審査員として顔を揃《そろ》え、美大生にもいい刺激になっている。(51% 五割一分)

An art event that takes care of trees, forests, and the Earth　Produced by Yukihide Nukiba, director of the art space VEGA, Living Art in Ohyama has been held every August since 2003. The event invites children to submit designs for wooden adventure tools for the future, and an award of excellence and idea award are given to select submissions, which art students produce. On the day of the event, an award ceremony is held and the winning tools are revealed to create a connection between the children and art. The panel of judges includes such eminent figures as Keisuke Nagatomo, Makoto Koizumi, and Yoshihiro Hirotani and the event is a great stimulus for art students. (Design Collaborative 51% Gowariichibu)

019

山梨
YAMANASHI

ICHI
山梨県北杜市高根町箕輪1830
0551-47-4173
ICHI
1830 Minowa, Takane-cho, Hokuto-shi, Yamanashi

八ヶ岳南麓にある、時間をデザインするカフェ　築140年の旧病院を改装した店。靴を脱ぎ上がると手づくりの心温まるカフェの世界が広がる。古材をリメイクしたテーブルやカトラリーはオーナーの佐伯誉史朗《よしろう》・さつき夫妻による作品だ。また、適度に掲示された手描きのグラフィックと観葉植物が店内全体を彩る。食事のメニューは「ICHIのハンバーグ」をはじめ、八ヶ岳南麓で育てられた瑞々《みずみず》しい野菜料理と石臼挽《び》きの蕎麦《そば》。そして、趣味で集められた本や雑誌の数々が並ぶ。「ICHI」はゆっくりと過ごす時間を、より寛《くつろ》いだものに演出してくれるカフェだ。（望月孝博／デザイナー）

A café that designs time at the southern base of Yatsugatake Mountains　Housed in a renovated 140-year-old former hospital, ICHI is furnished with tables made of recycled materials and cutlery designed by the owners Yoshiro and Satsuki Saeki. The café is also decorated with a tasteful amount of hand-drawn illustrations and plants. The food menu includes the ICHI hamburger steak, dishes made with fresh local vegetables, and a stone-milled soba. A large volume of books and magazines collected by the owners is also available for perusal. ICHI is a café that allows its customers to relax and enjoy their time. (Takahiro Mochizuki, designer)

018

福井
FUKUI

タケフナイフビレッジ
福井県越前市余川町22-91
0778-27-7120
http://www.takefu-knifevillage.jp
Takefu Knife Village
22-91 Yokawa-cho, Echizen-shi, Fukui

越前打刃物とデザインが融合した、熱いモノづくりの現場　越前市味真野《あじまの》の集落を抜けると、突如として円筒形のモダンな建築が現れる。建築家の毛綱毅曠《もづなきこう》氏による設計だ。館内には、約700年の伝統を誇る越前打刃物の包丁や鉈《なた》、鎌の他、デザイナーの川崎和男氏が手掛けたナイフシリーズが展示・販売されている。建物の中央にある打刃物の歴史資料が多く展示された通路からは、併設する工房が見学できるようになっている。工房は、熱気にあふれ、真っ赤に熱された鋼《てつ》を鍛える音が、けたたましく鳴り響く。素人でも本格的な打刃物造り体験ができる教室があり、お薦めだ。（藤田茂治／FLAT PROJECT）

A place that brings Echizen knives and modern design together for inspired object making　The modern cylindrical building, designed by the architect Kikoo Mozuna, appears suddenly past the Ajimano villages in Echizen-shi. Inside, Echizen fores, knives, and sickles, which have an approximately 700-year history, and a series of knives designed by Kazuo Kawasaki are displayed and available for purchase. At the center of the building is a hallway in which a wealth of historical materials on forged cutlery is displayed. Visitors can also look into the adjacent studio from the hallway. The class taught at Take Knife Village allows visitors to experience the knife forging process and is highly recommended. (Shigeharu Fujita, FLAT PROJECT)

021
岐阜
GIFU

信濃屋
岐阜県多治見市上野町3-46
0572-22-1984
Shinanoya
3-46 Ueno-cho, Tajimi-shi, Gifu

「ころうどん」発祥の、味も人も心に残る店　時代劇に登場するような佇《たたず》まいの木造建築。引き戸を開けて中に入ると、歴史を物語る飴《あめ》色の壁に掲げられた、「ころうどん」「ころかけ」「支那そば」の3品のみの潔いお品書。1930年創業で、年季の入った黒い暖簾《のれん》や硝子《ガラス》戸の貼り紙は味わい深い。たまり醤油《しょうゆ》をベースに冷たい出汁がかけられたころ(香露)うどん。一瞬、きし麺のように見える半透明で平たくコシのある支那そば。どれも絶品。二代目のご主人・滝昌宣《まさのり》さんは、まめに厨房《ちゅうぼう》から客席に現れ、どのお客さんにも気さくに話しかける。その、さりげなさの中に、こだわりの味を守り続ける誇りを実感する店だ。(所純子/ものつくり人)

The home of koroudon and a place with memorable food and people　Opening the sliding door and entering Shinanoya, which was established in 1930, customers are greeted by a simple menu featuring just three items—koroudon, korokake, and shinasoba—displayed on an aged cream-colored wall. Koroudon is udon noodles with a cold tamari soy sauce-based broth. The shinasoba is made with a flat semitransparent noodle with body, which looks at first glance like kishimen. Masanori Taki, the second-generation owner of Shinanoya, steps outside of his mini-kitchen to modestly chat with customers. In his subtle gestures, one senses the pride he must feel in carrying on a tradition of unique flavor. (Junko Tokoro, object maker)

020
長野
NAGANO

地もの屋 響
長野県上高井郡小布施町大字小布施89-3
026-247-6911
Yura
1101 Obuse, Obuse-machi, Kamitakai-gun, Nagano

“よそ者”が創る小布施人の暮らし食　小布施《おぶせ》町といえば、名産の栗《くり》を使った食べ物を連想する人が多いだろう。しかし、小布施に暮らす人は四六時中栗を食べているわけではなく、生活のための食文化も確《しか》と存在している。その一つが、カレーと地ビールの店「地もの屋 響《ゆら》」だ。昼は、信州黄金《こがね》シャモで10時間かけてスープを作った独特な汁だくカレー「小布施蔵カレー」を、夕方からは軽井沢の「よなよなエール」など地ビールをメインに出すバーとなる。マスターの鈴木享《とおる》さんは、Iターン者。「よそ者の風(声)に耳を傾けろ」と言われるこの地で、鈴木さんの創る食文化所は小布施人にとって格別な場所なのだ。(花井裕一郎/小布施町立図書館まちとしょテラソ館長)

Everyday Obuse cuisine made by an outsider　Many people associate Obuse with dishes made with chestnuts, but it also has a culinary culture outside of the nut and Yura is one of them. For lunch, it serves the Obuse Kura Curry, a uniquely soupy concoction cooked with a broth made by stewing Shinshu Kogane gamecock for 10 hours. In the evenings, it turns into a bar serving Karuizawa's Yona Yona Ale and other microbrews. Its owner Toru Suzuki left the city this rural neighborhood. Yura is a special place for the locals. (Yuichiro Hanai, Director, Obuse Public Library MachiToshoTeraso)

023
愛知
AICHI

トヨタテクノミュージアム 産業技術記念館
愛知県名古屋市西区則武新町4-1-35
052-551-6115
http://www.tcmit.org/
Toyota Commemorative Museum of Industry and Technology
4-1-35 Noritakeshin-machi, Nishi-ku, Nagoya-shi, Aichi

現在へつながる、トヨタのモノづくりへの情熱を体感　名古屋駅近くに位置するこの施設は、トヨタの出発点である旧豊田紡織(株)本社工場をそのまま改装しており、残された壁の赤レンガは歴史の長さを静かに物語る。エントランスロビーの中央には創始者・豊田佐吉が発明した環状織機が展示され、織機の持つ独特なフォルムと布を筒状に織る鮮やかな動きは、思わず見入ってしまう魅力を放つ。トヨタ初の乗用車 AA 型セダンをはじめとする膨大な数の展示品と、本物の機械の動態展示やオペレーターによる実演で業績をわかりやすく紹介している。また、繊維機械から始まり自動車へと発展したトヨタの歴史と産業と技術の変遷を体感することができる。(伊藤歩／デザイナー)

Experience Toyota's passion for making things, which it carries to the present　Located near Nagoya Station, the Toyota Commemorative Museum of Industry and Technology is housed in the renovated site of the original former factory of Toyoda Boshoku, the origin of Toyota. The red brick walls are a quiet testament to the company's history. A circular loom, which Toyota founder Sakichi Toyoda invented, is displayed in the entrance lobby. The loom's unique form and innovative action, which looms fabrics in circular form, are stunning. Toyota's first model AA sedan and a plethora of other objects and machinery are shown and explained in an easily understood manner through dynamic displays and operator demonstrations. (Ayumi Ito, designer)

022
静岡
SHIZUOKA

cafe/day
静岡県沼津市沼北町1-14-26
055-922-3910
http://www.cafeday.jp
cafe/day
1-16-26 Numakita-cho, Numazu-shi, Shizuoka

オーナーの想いを仲間でつくり上げた、沼津の皆のための場所　「落ち着けるカフェが欲しい。でもカッコよすぎて浮いた店にはしたくない。皆が居やすい場所をつくりたい」と言うオーナー狩野健一郎さん・宏美さんの想いが形になったのは2010年。空が広くて気持ちいいと選んだ場所にデザイナー達を連れていくと、彼らは意外にも向かいの自動車学校に注目。「車もポールも黄色で可愛《かわい》い」。黄色がお店のカラーとなり、床には車線を描き、家具には車のシートも使われた。設計は谷尻誠さん。外装は、ほぼ元のまま。幅允孝《よしたか》さんがセレクトしたマンガや絵本、論語まで、たくさんの本もある。パンケーキがお薦めです！(森千夏／D&DEPARTMENT PROJECT 静岡店)

A place built by friends based on the owner's concept for Numazu locals　Kenichiro Kano opened café/day in 2010. He selected the location because of the expansive sky and comfortable atmosphere. When he took designers to the site, they were surprisingly more taken with the driving school across the way. It's cute how the cars and poles are yellow. Yellow thus became the thematic color for the café, lanes were painted on the café floor, and car seats were used instead of chairs. Makoto Tanijiri designed the space. The exterior was left virtually as found. The café also has a collection of comics, children's books, and Analects, which Yoshitaka Haba selected. We recommend the pancakes! (Chinatsu Mori, D&DEPARTMENT PROJECT SHIZUOKA)

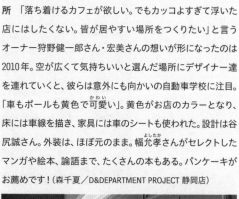

025

滋賀

SHIGA

Mother Lake Products Project
http://shiga-motherlake.jp/products/index.html

琵琶湖と人に、寄り添うカタチで　琵琶《びわ》湖の恵みを活《い》かし、現代の暮らしに合った伝統工芸づくりを目指していこうというプロジェクト。立命館大学経営学部に設立された「Design Management Lab」と、滋賀県商業振興課、滋賀県の伝統工芸づくりに携わる有志の人々、彼らによって2010年秋に始まった。現在は、木珠《もくじゅ》のネックレス、麻のストール、漆《うるし》塗りのカップとプレート、浜ちりめんのブックカバー、信楽《しがらき》焼のうつわの5アイテムが揃《そろ》う。滋賀という土地に生まれた滋賀らしい工芸品の新たな価値を広め、職人が心を込めてつくった商品たちが、現在または後世を生きる人たちの暮らしの潤いとなることを願う。（森山勝心《かつし》／Kan-kaku代表 隠岐国西ノ島町特別公使）

Nestling up to Biwa Lake and people through form　Design Management Lab, established within the College of Business Administration at Ritsumeikan University, and volunteers who support Shiga Prefecture's traditional craftwork started the Mother Lake Products Project in the fall of 2010. Currently, the project produces five items—a necklace of wooden pearls, hemp stole, lacquer cup and plate, hamachirimen textile book cover, and Shigarakiyaki ware. We hope that these products, made with passion by local craftspeople, will produce and spread new values for craft goods and make the lives of people living today and in the future more pleasant. (Katsushi Moriyama, Director of Kan-kaku and Special Ambassador of Nishinoshima-cho Okinokuni)

024

三重

MIE

レストラン カルティベイト
三重県松阪市嬉野下之庄町1688-5
0598-31-2088
https://www.cultivate.jp
Restaurant Cultivate
1688-5 Ureshinoshimonosho-cho, Matsusaka-shi, Mie

「耕す」という名前を持つ、農機具小屋を改装したレストラン　森と畑に囲まれた、松阪市の郊外に立地。店の裏にある畑は、スタッフが自分たちで耕し、野菜を育てている。三重で活躍する建築家に設計を依頼し、オーナーシェフが職人たちと一緒に漆喰《しっくい》を塗って改装した店内。その床や天井などに、県産の美しい色の木が用いられている。店内の白壁が窓外の緑の風景と、美しいコントラストをなしている。大きな帆布《はんぷ》の看板と、その味のあるロゴが目印。（松本典子／ライター）

A restaurant named Cultivate housed in a renovated farm shed　Restaurant Cultivate is located in a suburb of Matsuzaka. Behind the restaurant is a farm where the staff grows their own vegetables. The interior renovation was planned by an architect based in Mie and the owner-chef helped plaster the walls. Beautifully colored wood from Mire Prefecture is used in the ceiling and floors. The white walls of the restaurant create a strong contrast against the green scenery outside the windows. Look out for the unique logo on the large canvas sign. (Noriko Matsumoto, writer)

027 大阪 OSAKA

Mole Hosoi Coffee
大阪府大阪市中央区伏見町3-3-3 芝川ビル B1F
06-6232-3616
http://mole-and-hosoicoffees.com
Mole Hosoi Coffee
B1F Shibakawa Bldg., 3-3-3 Fushimi-cho, Chuo-ku, Osaka-shi, Osaka

昭和初期の建築の地階にある珈琲店　「大阪でおいしい珈琲が飲める店は」という問いに、同じ感覚を共有できる人々の答えは「Mole Hosoi Coffee」だった。戦前に建てられた建築が多く残る、大阪はキタに位置する1927年竣工の芝川ビル。その地下1階にあった金庫室をリノベーションした後にできた「Mole Hosoi Coffee」の第一印象は、佇《たたず》まいの潔さが際立った珈琲店だった。店主である細井立矢《たつや》さんのドリップの手さばきや、ムダの一切ない動きは見事。地下という閉塞感は全くない。カウンターオンリーの店ならではの、店主との心地よい距離感が、珈琲を何より美味くする。（野口学／D&DEPARTMENT PROJECT 大阪店）

A café in the basement of a building from the early Showa period　Mole Hosoi Café is located in a renovated vault in the basement floor of the Shibakawa Building, which is located in the Kita district of Osaka, where many prewar buildings remain. The first impression I had of the café was its distinctly sociable ambiance. The way that the café's owner Tatsuya Hosoi's brews coffee and his efficient movement are sights worth seeing. Despite being in a basement, the café does not feel stuffy or closed. The comfortable distance from the owner that the counter-only seating provides makes the coffee taste even better. (Manabu Noguchi, D&DEPARTMENT PROJECT OSAKA)

026 京都 KYOTO

一保堂茶舗 京都本店
京都市中京区寺町通二条上ル常盤木町52
075-211-4018
http://www.ippodo-tea.co.jp
Ippodo Tea Co. Kyoto-main-store
52Tokiwagi-cho, Nakagyo-ku, Kyoto-shi, Kyoto

「京銘茶」の魅力を伝え続ける日本茶の専門店　1717年創業の日本茶専門店。私が働いているアトリエの向かいにあり、焙煎《ばいせん》の良い香りと「一保堂《いつぽどう》のほうじ茶」で一日が始まる。ある時、知人の誘いで「お茶の淹《い》れ方教室」へ行き、昔友人が贈ってくれた急須と茶器のことを思い出した。当時の自分には使いこなす勇気がなく、長い間棚の中で眠っていたが、教室に行ったその夜、早速その茶器を取り出して、お茶を飲んでみた。美味しかった。今では自宅で気軽に抹茶も楽しむようになった。入り口の暖簾《のれん》、お茶のお知らせ、それらに季節の変化を感じさせられる。際立っていながら、さりげないのが、一保堂の魅力だと思う。（森蔭真弓／MORIKAGE SHIRT KYOTO）

A Japanese tea specialty store continues to spread the allure of kyoumeicha　Established in 1717, Ippodo Tea Company's main store in Kyoto is located across the street from the atelier where I work. My days therefore start with the pleasant aroma of roasting tea and a cup of Ippodo's hojicha. One day a friend took me to a tea brewing class at Ippodo and I recalled that another friend gave me a teapot and cup as a gift a long time ago. At the time, I felt unsure of my ability to make full use of them and they sat untouched on my shelf. The night after the class, I took out the teapot and cups and brewed some tea. The tea was delicious. The allure of Ippodo is its understated distinction. (Mayumi Morikage, MORIKAGE SHIRT KYOTO)

029

奈良
NARA

奈良町宿 紀寺の家
奈良県奈良市紀寺町779
0742-25-5500
http://www.machiyado.com
Naramachiyado Kideranoie
779 Kidera-cho, Nara-shi, Nara

暮らしたくなる、新しい町家の宿　薄暗く、古めかしい町家《まちや》を想像していたら、鮮やかに裏切られた。土間部分を活《い》かしたベッドルームや素敵な対面キッチン、現代アートな設《しつら》え——古い町家のイメージを一新された。宿を切り盛りするのは旧奈良町の町家で生まれ育った藤岡俊平さん。空家だったこの町家が取り壊され、学生マンションとなる予定を知り、建築家である父・龍介さんと共に改修し、町家暮らしが今も体験できる宿として残した。町家の楽しみ方を熟知しているからこその、素直な空間。いつか、こんな家でのんびり暮らしたい、そう思わせる宿だ。（森下ちはる／オーダーメイドのウエディングドレス「couture maman」）

A new machiya inn that will make you want to move in　The image of the old machiya has been updated with a bedroom built in a room with an earthen floor, an attractive island kitchen, and contemporary art. Shunpei Fujioka, who was born and raised in a machiya in Nara, runs the Machiyado inn. When he found out that the machiya that the inn is in now was slated to be torn down and replaced with student housing, he renovated it with his architect father Ryusuke as an inn where guests can experience life in a machiya. The space feels straightforward because its renovators know how to enjoy a machiya inside and out. The inn is bound to make guests want to live comfortably in a home similar to it. (Chiharu Morishita, couture maman made to order wedding dresses)

028

兵庫
HYOGO

神戸にしむら珈琲店 中山手本店
兵庫県神戸市中央区中山手通1-26-3
078-221-1872
http://www.kobe-nishimura.jp/
Kobe Nishimura Coffee Nakayamate-head-shop
1-26-3 Nakayamate-dori, Chuo-ku, Kobe-shi, Hyogo

みんなが珈琲をゆっくり楽しめる場所　三宮の繁華街から北へ、大きな通り沿いにある「にしむら珈琲店」本店。高い天井の落ち着いた空間は、テーブルやチェアなどインテリアはもちろん、コーヒーミルのイラストが描かれたカップや灰皿に至るまで、選び抜かれた物が自慢することなく使われている。灘五《なだご》郷《ごう》の日本酒造りに欠かかせない名水「宮水《みやみず》」を使って珈琲を淹《い》れるのも、地元に愛されている理由。店を訪れた人を喜ばそうという想いが、店主の、このようなこだわりに繋《つな》がっている。それが時代を超えて、いつまでも素敵な理由だ。（堀内康広／トランクデザイン アートディレクター）

A place where everyone can relax and enjoy their coffee　The main “Nishimura Coffee” shop is located along a big street to the north of downtown Sannomiya. Its relaxing atmosphere is produced by a high ceiling and carefully selected furniture, furnishings, and even the cups adorned with illustrations of a coffee mill, and ashtrays, which are all used without calling attention to themselves. Locals love Nishimura Coffee because it brews its coffee using Miyamizu water, which is an essential ingredient for brewing the nationally renowned Nadagogo sake. The owner’s fussiness is a product of his desire to please his customers and it’s this desire, which has kept the café so appealing all these years. (Yasuhiro Horiuchi, Art Director, Trunk Design)

031
鳥取
TOTTORI

たくみ割烹店
鳥取県鳥取市栄町652
0857-26-6355
Takumi Kappo
652 Sakae-machi, Tottori-shi, Tottori

民藝品の器で地元の食材を使った料理が楽しめる　鳥取の民藝《げい》運動の父・吉田璋也が物を見るだけでなく、実際使って味わうことを目的に開いた割烹《かっぽう》料理店。店内は落ち着いた雰囲気で、使い込まれた民藝の調度品にも味わいがある。2階には靴を脱いで上がる畳の個室があり、ゆっくりと過ごせそうだ。しゃぶしゃぶのルーツである、吉田璋也が考案した「すすぎ鍋」は、鳥取和牛と地元の野菜を使用。メニューには、鳥取和牛の美味しさを活《い》かしたハヤシライスやカレーライスなどもある。器は鳥取物が主で、地元の食材をシンプルな昔からある調理法で扱い、その料理は民藝品の器とよく調和している。「すき焼き」は要予約。(江沢香織／ライター)

Enjoy delicious food made with local ingredients served in folk craft wares　The father of the Tottori folk art movement Shoya Yoshida opened Takumi Kappo so that people could not only look at, but also use and experience folk art objects. The restaurant has a calming atmosphere and the folk art furniture create a distinct ambiance. Susugi nabe, a dish that Yoshida invented, is the origin of the famous shabu shabu. At Takumi Kappo, it is made with Tottori wagyu beef and local vegetables. The restaurant also serves curry rice and hayashi rice, which are both made with Tottori wagyu beef as well. Most of the wares used in the restaurant are locally produced and they go perfectly with the simple traditional recipes made with local ingredients. Reservations required for sukiyaki. (Kaori Ezawa, writer)

030
和歌山
WAKAYAMA

rub luck cafe
和歌山県有田市千田1470-2
0737-83-0028
https://www.instagram.com/rubluckcafe/
rub luck cafe
1470-2 Chida, Arida-shi, Wakayama

時間ができると行きたくなる、海に臨む倉庫カフェ　和歌山県有田市の伝統産業である蚊取り線香の倉庫を改築したカフェ。むき出しの鉄骨や高い天井など、倉庫ならではのラフな雰囲気と、古い什器《じゆうき》や小物が醸し出すノスタルジアが絶妙なバランスで交錯していて面白い。地元産の食材を使った丼物やスイーツ、ドリンクを1階のカウンターで注文し、2階へ。絵画やオブジェが飾られたギャラリーのような空間にソファをゆったりと配してあり、どこに座ろうか悩むが、やはり特等席は海側の窓際だろう。窓枠で切り取られた水平線こそ、この店で一番のアート。(宇治田沙季／ハミングバード珈琲)

A warehouse café facing the ocean that you'll want to visit whenever you can　Rub Luck Café is housed in a renovated warehouse that was used to store mosquito coils, the production of which has traditionally been Arida-shi Wakayama Prefecture's leading industry. The uniquely industrial and rugged atmosphere created by the café's exposed steel beams and high ceilings mix perfectly with the nostalgic ambiance of old fixtures and miscellaneous items on display. Rice bowls, sweets, and beverages made with local ingredients can be ordered on the first floor and taken upstairs to the gallery-like second floor space filled with paintings and sculptures and a relaxing couch. There's many seats to choose from, but the seats by the window with a view of the ocean are the best in the house. The horizon framed by the window is the finest artwork in the café. (Saki Ujita, Hummingbird Café)

033
岡山
OKAYAMA

倉敷意匠アチブランチ
岡山県倉敷市阿知2-23-10
086-441-7710
http://atiburanti.classiky.co.jp
Atiburanti
2-23-10 Achi, Kurashiki-shi, Okayama

「日本の手仕事」のオリジナル品が揃《そろ》ったショップ　白木屋傳《でん》兵衛による洋式住宅向けの和箒《ぼうき》や、国産のナラ材を使った裁縫箱など、「倉敷意匠計画室」はもののつくり手と共同して独自の製品を企画し、販売する雑貨メーカーのブランドネーム。活動開始から30年を経て、初の直営店「倉敷意匠アチブランチ」がオープンした。かつて倉敷の繁栄に貢献した薬種問屋当主の林源十郎の洋館の1階スペースから、今の暮らしにフィットする手仕事の品々を発信している。（松本典子／ライター）

A shop full of original Japanese handcraft products　Kurashiki Design Planning works with manufacturers to plan and sell unique products for everyday use such as Shirokiya Denbei's Japanese brooms and a sewing box made of Japanese oak. The brand has been active for over 30 years and recently opened its first directly managed store antiburanti. Located in the first floor of the Western style building that belongs to Genjuro Hayashi, the drug wholesaler who contributed to the prosperity of Kurashiki, the store disseminates many handiworks that fit perfectly in contemporary life. (Noriko Matsumoto, writer)

032
島根
SHIMANE

奥出雲葡萄園
島根県雲南市木次町寺領2273-1
0854-42-3480
http://www.okuizumo.com
Oku-Izumo Vineyard
2273-1 Kisuki-cho-jiryo, Unnan-shi, Shimane

奥出雲の深い緑に囲まれたワイナリー　松江市街から南へ車で約1時間、約7ヘクタールの農地「食の杜《もり》」の中にある、かわいらしいワイナリー。葡萄《ぶどう》園に囲まれた、美しい芝生の中に大きな屋根の白い洋館が建っている。「木次《きすき》パスチャライズ牛乳」（低温保持殺菌法による牛乳）で知られる木次乳業が出資し、1990年に創業、1999年に現地へ移転。併設のショップでは「奥出雲ワイン シャルドネ」をはじめとするワインはもちろん、自社製の葡萄ジュースなども販売。ゲストハウスでは山陰の鯖《さば》を使った自家製マリネなど、地元食材の味を引き出したプレートを楽しめる。ラベルやコルクに描かれた見つめ合う自然の中の2羽の鳥のモチーフは、生態系を乱さない農業の実践、自然との共生を表明している。（角《すみ》俊一／島根県庁）

A winery surrounded by a dense forest in Okuizumo
Okuizumo Winery is located in a seven-hectare farm called Forest of Food approximately an hour drive away from Matsue city. With capital injection from Kisuki Dairy, which is known for its Kisuki Pasteurized Milk, the winery was established in 1990 and relocated to its current sire in 1999. The adjacent shop sells Okuizumo Wine Chardonnay and winery-produced grape juices. The guesthouse serves dishes made with local ingredients. The two birds that adorn the wine labels and corks represent coexistence with nature and practice of agriculture that does not disrupt the ecosystem. (Shunichi Sumi, Shimane Prefectural Government)

035 山口 YAMAGUCHI

ナギサ珈琲店　※現在閉店
山口県周南市土井2-4-9
0834-64-1961
http://www.coffeeboy.co.jp
Nagisa's Coffee
2-4-9 Doi, Shunan-shi, Yamaguchi

登録有形文化財の中にある、コーヒーショップ　1928年に建てられ、現在では登録有形文化財に指定されている洋風建築「旧日下醫《くさかい》院」の中にある、1961年からのコーヒーショップ。木の天井や床の艶、建具などの風合いが積み重ねられてきた時間の長さを物語る。県内に数店舗を構えるコーヒー豆専門店「コーヒーボーイ」が経営しており、コーヒーは独自のペーパーフィルターを使いハンドドリップで1杯、1杯、抽出される。（松本典子／ライター）

A coffee shop housed in a registered tangible cultural asset　Nagisa's Coffee is located inside the Western style building former Kusakaiin Hospital built in 1928. The polish of the wooden ceiling and floor and the color of the doors and windows attest to the history the building has seen. The coffee shop is operated by COFFEEBOY, which runs several coffee bean shops in Yamaguchi Prefecture and each cup of coffee is brewed individually and manually using paper filters. (Noriko Matsumoto, writer)

034 広島 HIROSHIMA

さざんか
広島県広島市西区己斐本町3-2-7
082-271-3657
Sazanka
3-2-7 Koihonmachi, Nishi-ku, Hiroshima-shi, Hiroshima

半世紀年以上続く、名物ママのお好み焼き店　地元では必ず名前の挙がる「広島焼き」の老舗で、ママは50年以上切り盛りしている。かつては、叔母さんや旦那さんと注文品を作っていた。二人は他界した。現在は一人だが、その腕前は少しも衰えてはいない。ママの「広島焼き」は、薄く延ばした生地に中華ソフト麺、キャベツとモヤシ、豚肉をのせてじっくりと蒸し焼きにし、最後に卵を割り重ねてオタフクソースと白胡麻《ごま》をトッピングして焼き上げてくれる。開店当時から使われている鉄板は今や、真ん中がわずかに盛り上がり、店の時間の集積を物語る。（松本典子／ライター）

A more than half-century-old okonomiyaki restaurant with a famous female proprietor　The same female proprietor has operated this old established restaurant, which serves Hiroshimayaki, a local favorite, for over 50 years. She used to cook the food with her husband and aunt. She now works alone, but her cooking skills are as food as ever. Her Hiroshimayaki is made with thin dough and soft Chinese noodles, cabbage, bean sprouts, and pork, which are slowly steamed and grilled. It is lastly topped with an egg, otafuku sauce and white sesame. The grill, which has been used since the restaurant opened, is now slightly raised in the middle and is a testament to the restaurant's history. (Noriko Matsumoto, writer)

036
徳島
TOKUSHIMA

阿波おどり
徳島県徳島市新町橋2-20
088-611-1611
http://www.awaodori-kaikan.jp
Awa Odori
2-20 Shinmachibashi, Tokushima-shi, Tokushima

浮足立つとは“このこと”、徳島の夏の風物詩　椰子《やし》の木が南国情緒を感じさせる、徳島駅から眉山へ向かう通り。中心市街地を舞台に、毎年8月に行われている「徳島阿波おどり」。近世、盆踊りから発展して、日本有数の民俗芸能にまで進化した。最大の魅力は、振りや衣装の揃《そろ》った集団舞踊の美しさだろう。そしてまた、心情そのものを踊った“踊る阿呆《あほう》”の原点も忘れてはならない。年季の入った踊り手は、わずかな仕草や表情の変化に浮かれた心を巧《たく》みに表現する、まさにアートと言えよう。宵闇の桟敷《さじき》席に陣取り、新町川の川風に吹かれながら、静と動を行き来する「よしこの節」のリズムに、存分に身を任せてみてほしい。（北室淳子／北室白扇）

This is what it means to get weak at the knees: A Tokushima summer tradition　The Tokushima Awa Odori Festival is held every August on the street leading from Tokushima Station to Mount Bizan in the Tokushima city center. The festival's biggest draw is the beauty of group dance, which features synchronized moves and matching outfits. The origin of the dancing fool who dances to express his emotion cannot be forgotten either. The older dancers display splendid technique through slight gestures and expressions. There is no doubt that awaodori is an art. Claim a space in the dark seating space and trust your body to the Yoshikonobushi rhythm that oscillates between stillness and motion while feeling the wind blowing over the Shinmachi River. (Junko Kitamur, Kitamuro Hakusen)

037
香川
KAGAWA

カフェレストMIMOCA
香川県丸亀市浜町80-1
丸亀市猪熊弦一郎現代美術館 3F
0877-35-9613
http://www.mimoca.org/ja/about/cafe/
CAFE MIMOCA
3F Marugame Genichiro-Inokuma Museum of Contemporary Art, 80-1 Hama-machi, Marugame-shi, Kagawa

藤田一浩

佇《たたず》まいが現代アートな、ミュージアムカフェ　丸亀市の猪熊弦一郎現代美術館に併設のカフェ。真っ青な絨毯《じゆうたん》には猪熊弦一郎が描いた鳥の絵が白の線で打ち込まれ、剣持勇のラウンジチェアやイサム・ノグチのソファなどがゆったりと配置されている。滝の落ちる中庭の景色や、企画展のイメージに合わせて登場する限定メニューなど、一つ一つがアートの作品であるかのように、飲食客の目を楽しませてくれる。（松本典子／ライター）

A museum café that is also a contemporary art work　Café Mimoca is located in the Genichiro-Inokuma Museum of Contemporary Art in Marugame. The spacious café is furnished with a bright blue rug woven with Genichiro-Inokuma's white line drawing of a bird, Isamu Kenmochi lounge chairs, and a Isamu Noguchi sofa. The view of the waterfall in the courtyard and the limited menu items designed to match the special exhibitions present themselves as works of art and entertain the café customers. (Noriko Matsumoto, writer)

039
高知
KOCHI

現代企業社
高知県高知市神田2028
088-803-9020
http://www.gendaikigyosha.co.jp
Gendai-Kigyosha
2028 Kouda, Kochi-shi, Kochi

高知のくつろぎの場を提案し続ける「現代企業社」 高知市周辺の喫茶店やレストランを中心に、県内に18店舗を運営している「現代企業社」。常に新しい視点で、店舗ごとにコンセプトを持って、その地域に合った個性のある素晴らしい店舗を次々に生み出している。たとえば、五穀米や地元野菜を使って健康食を意識した「穀物學校」や、高知市街を一望できる五台山の頂上展望台にあるカフェ「パ・ノ・ラ・マ」他、コンセプトと雰囲気が素晴らしく何度も足を運びたくなるのだ。中心街の空洞化問題等、地域おこしにも力を入れており、「おびさんマルシェ」や「古民家再生プロジェクト」等、高知の街に新しい企画の風を絶えず吹き込んでいるのである。（岡田充弘／温泉施設「海癒」主人）

Gendai Kigyosha: A company that produces relaxing spaces in Kochi Gendai Kigyousha operates 18 stores—primarily cafes and restaurants—in the Kochi area. Each store the company opens is designed conceptually to be unique and suited to the local community. For example, its Kokumotsu Gakko serves healthful food made with local vegetables and served with five-grain rice and Panorama is a café located on the overlook of Godaiyama Mountain. All of the company's stores combine ingenious concept with stellar atmosphere and make visitors want to return repeatedly. The company is also involved in regional economic development projects and measures to prevent the hallowing out of the downtown area and perpetually breathes life into Kochi with its projects. (Mitsuhiro Okada, Owner of Kaiyu Hot Springs)

038
愛媛
EHIME

道後館
愛媛県松山市道後多幸町7-26
089-941-7777
http://www.dogokan.co.jp
Dogo-Kan
7-26 Dougotakou-cho, Matsuyama-shi, Ehime

伝統と新しさを併せ持つ現代旅館 道後温泉の高台に建つ、堂々たる旅館。設計はメタボリズムで世界的に有名な黒川紀章。まず外観の打ち放しコンクリートのモダンな装いが目を引く。一歩館内に入ると、滝や川、橋といったモチーフ、別館に続く廊下には石畳に行灯《あんどん》といった屋外の要素がちりばめられている。客室は格子や欄間などの伝統的な和の設《しつら》えを基調としながらも、懐古主義にならない現代的なデザインで、建築全体で黒川の提唱した「共生」や「花数寄」といった思想が空間として実体験できる。温泉はもちろんのこと、瀬戸内や地物の食材を使った料理も楽しめる、非常に現代的な旅館である。（干田正浩／建築家）

A contemporary ryokan that combines tradition with innovation Located in the hills of the Dogo Onsen region, Dogokan was designed by the world-renowned Metabolist architect Kisho Kurokawa. The modern exterior made of exposed concrete instantly draws the eye in. The interior is filled with outdoor elements such as motifs of a waterfall, river, and bridge, and a stone lantern on a stone path leading to the annex building. The guest rooms feature a modern design, which incorporates traditional fixtures such as window grates and transoms without creating a sense of nostalgia. This extremely modern ryokan embodies the Kurokawa's architectural concepts of coexistence and hanasuki, or the symbiotic existence of simplicity and splendor in traditional Japanese aesthetics. (Masahiro Hoshida, architect)

041
佐賀
SAGA

チャイナ・オン・ザ・パーク 忠次館
佐賀県西松浦郡有田町原明乙111
0955-46-3900
http://www.fukagawa-seiji.co.jp/
China on the Park Chuji Gallery
111 Haraake-otsu, Arita-cho, Nishimatsuura-gun, Saga

040
福岡
FUKUOKA

伊都安蔵里
福岡県糸島市川付882
092-322-2222
http://itoaguri.jp
Itoaguri
882 Kawatsuki, Itoshima-shi, Fukuoka

深川製磁の歴史と今を感じられる止まり木　深川製磁の工場敷地内にあるテーマパーク「チャイナ・オン・ザ・パーク」は、九州では珍しいラベンダー畑があることでも有名な場所だ。敷地内にはレストランやファクトリー・サイド・ショップもあり、ゆったりと焼物の魅力と歴史を堪能できる。中でも初代・深川忠次の名が付いた「忠次館」は、ぜひ立ち寄りたい場所だ。深川製磁のモダンな作風を彷彿《ほうふつ》とさせるシンプルかつ現代的でデザイン性が高い建築は、建築家・柿沼守利《しゅり》によるもの。中に入ると外観の直線的なデザインとは対照的に曲線を生かした空間が広がる。2階のカフェスペースでは美味しいアップルパイやハーブティーを味わえる。真空管アンプを通した心地よい音楽が流れ、旅の疲れを癒やしてくれる。（北川健太／旅館大村屋）

A perch where visitors can experience Fukagawa Seiji's past and present　The theme park China on the Park is located inside the grounds of the Fukagawa Seiji factory. The Chuji Gallery named after the company founder Chuji Fukagawa, is a must see. The simple and contemporary-feeling building, which exudes the company's modern sensibility, was designed by the architect Schri Kakinuma. The interior features curves that create a strong contrast against the building's rectilinear exterior. The café on the second floor serves delicious apple pie and herbal tea and the comforting music played through the tube amplifier in the café assuages the traveler's fatigue. (Kenta Kitagawa, Ryokan Oomuraya)

復元された古建築、食と農の活動拠点　糸島市旧長糸にある「伊都安蔵里《いとあぐり》」は、昭和初期の古建築「旧福寿醤油《しょうゆ》」を補修・復元。地元ハウスメーカー「マキハウス」が運営していることもあり、旧醤油蔵を見事に再生させている。この場所は地域活性化活動の、正しい食・農業・野菜の在り方を伝える“食と農の活動拠点”でもある。代表の八尋《やひろ》健次さんは実家が農家ということもあり、本気で食を見直す活動に注力している。お薦めは、かつて大豆の倉庫だった納屋2階の「安蔵里かふぇ」。挽《ひ》いて淹《い》れている1階からのコーヒーのよい香りと、窓からの陽光。当時の梁《はり》や柱を活《い》かした、心地よい空間だ。（万野潤二／paperboy&co.）

A restored old building functions as a base for culinary and agricultural activity　Itoaguri is housed in the renovated former Fukuju Shoyu building, which was constructed in the early Showa period. The former shoyu storehouse has been revived perfectly by the local home building company Maki House, which operates Itoaguri. Itoaguri is a base for culinary and agricultural activity, which spreads knowledge regarding proper eating habits, agricultural practices, and good vegetables in order to revitalize the region. Kenji Yahiro, the director of Itoaguri, grew up on a farm and is very committed to helping others reexamine the food they eat. We recommend the Aguri Café, located on the second floor of a former shed used to store soybeans. The Aguri Café is a comfortable space that incorporates the original beams and pillars of the building. (Junji Manno, paperboy & co.)

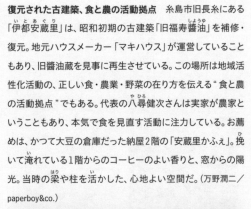

043 熊本 KUMAMOTO

純喫茶シグナル
熊本県熊本市中央区手取本町5-6 加藤ビル BF
☎096-352-6856
Signal
BF Kato Bldg., 5-6 Tetorihon-cho, Chuo-ku, Kumamoto-shi, Kumamoto

マチナカにそっと息づく、静かで美しい喫茶店　ビル地下にある静かな森――そんな雰囲気を持つ喫茶店だ。1964年創業時から使われているイスは、約50年前に日本でデザインされたとは思えないほどモダンだし、窓越しのスペースと壁紙の演出は、阿蘇山麓の木立をイメージさせる。そんな昭和チックな空間に惹《ひ》かれ、スーツ姿の男性は定番らしき席で新聞を広げ、買い物帰りらしき母娘はおしゃべりに夢中だったり。懐かしさ漂うメニューもツボで、卵黄とパインをブレンドしたフルーティーでまろやかな「ロイヤルミスト」なる飲み物を、ぜひ一度。(三角由美子／フリーライター＆エディター)

A quiet and beautiful café that gently thrives in town　Signal is a quiet oasis in the basement of a high-rise building. The chairs in the café, which have been in use since the café opened approximately 50 years ago, are so modern they look un-Japanese. The space seen through the window and wallpaper makes one think of Aso Mountain. Drawn in by the Showa-like atmosphere, men in suits read newspapers at their regular tables and a mother and daughter, who appear to have been shopping, chat enthusiastically. The menu, which features the Royal Mist, a fruity and smooth beverage concocted by blending egg yolk and pineapple, also pleasantly induces nostalgia. (Yumiko Misumi, freelance writer and editor)

042 長崎 NAGASAKI

ティア長崎銅座店　※現在閉店
長崎県長崎市銅座町6-24 2F
☎095-828-2984
http://www.tia-nagasaki.com
Tia Nagasaki Doza Branch
2F, 6-24 Doza-machi, Nagasaki-shi, Nagasaki

地元の食を誇りに感じさせてくれるレストラン　「ビクトリア・イン長崎」の2階に店舗を構えて、今年で12年目。メニューのお惣菜《そうざい》書きを見ると、県内屈指のこだわりのある生産者と結ばれた強い信頼関係が伝わってくる。その日入荷の野菜を見て決める約30種類の料理が、1日中バイキングで楽しめる。旬の野菜の持つ力強い味や出汁《だし》の自然なよい香りなど、ここで味わえるのは本来あるべき日本の食卓の味の数々だ。量り売り惣菜のお持ち帰りは、野菜不足になりがちな人には嬉《うれ》しい。親子での味噌《みそ》づくりや、日本酒・調味料などの勉強会も積極的に開催。ここは私たちが暮らす長崎の街の食を謳歌《おうか》できる貴重な場所だ。(松井知子／List:)

Restaurant creates pride for local cuisine　Tia Nagasaki Doza Branch has been open for twelve years on the second floor of Victoria Inn Nagasaki. The thirty different dishes served buffet style all day change daily depending on the vegetables that arrive in the morning. The Japanese dishes are full of natural aromas, strong flavors, and broths created with seasonal vegetables, as they were originally intended to be. The prepared food sold by weight for takeout is great for people who tend not to eat enough vegetables. The restaurant also holds classes on miso making for families, sake, and seasonings. This is an important place that allows Nagasaki residents to appreciate the local cuisine. (Tomoko Matsui, List:)

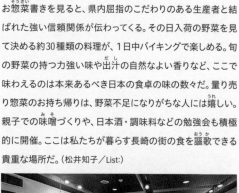

045 宮崎 MIYAZAKI

日本料理 きたうら善漁。
宮崎県延岡市本町1-3-14
0982-31-0051
http://zenryomaru.jp
Kitaura Zenryomaru
1-3-14 Hon-machi, Nobeoka-shi, Miyazaki

日常の料理の中にある料理の素晴らしさ、それを気づかせてくれる日本料理店　2008年オープン。元漁師の料理人・吉田善彦さんがほぼ独学で料理を習得し、独自の料理哲学で献立を創り出す。食材、料理人、食べる人をそれぞれ、役者、演出家、観客と見立てて、日々真摯《しんし》に食材と向き合う。お薦めは、カウンター席のみで味わえる「その日のおまかせ料理」。それは、どの料理からも“素材の持っている自然で素朴な味”がストレートに舌に伝わってきて、素材の持ち味が堪能できる。宮崎県北浦町周辺の魚や野菜は、こんなにも美味しいのか、と大感動。県内のみならず、県外、海外からも人が集まる日本料理店。（田中真唯子／d design travel 編集部）

A Japanese restaurant that reveals the wonderfulness of everyday cooking　Chef and former fisherman Yoshihiko Yoshida opened Zenryomaru in 2008. Yoshida, who is almost entirely self-taught, designs the menu for his restaurant according to his unique cooking philosophy and very sincerely considers his ingredients daily. He sees the ingredients, cook, and customers as actors, director, and audience respectively. We recommend the chef's daily special, which uses the simple and natural flavor of the ingredients straightforwardly. Zenryomaru attracts customers from not only Miyazaki Prefecture, but also all over and Japan and even abroad. (Maiko Tanaka, d design travel editorial department)

044 大分 OITA

大丸旅館外湯 ラムネ温泉館
大分県竹田市直入町大字長湯7676-2
0974-75-2620
http://www.lamune-onsen.co.jp
Daimaru-ryokan-sotoyu Lamuneonsen-kan
7676-2 Nagayu, Naoiri-machi, Taketa-shi, Oita

希少な泉質の湯につかり、建築・美術・文学を堪能　竹田市直入《なおいり》町の長湯温泉は、全国的にも希少な炭酸泉の湯。炭酸の泡に全身を包まれる感覚は、他の泉質では決して味わえない心地よさ。町の中心部にそびえる、まるでアニメから飛び出してきたかのような建物は、建築家・藤森照信氏によって設計された「ラムネ温泉館」。焼き杉と漆喰《しつくい》による縦縞《たてじま》模様の外壁にかぶせられた、表情豊かな銅板の屋根。その先端から飛び出している松の木の頭には、「この温泉が長く栄えるように」との願いが込められているのだという。丸みを帯びた意匠の館内はどこか懐かしく、何度訪れても新たな発見がある。書籍閲覧コーナーやギャラリーも併設されている。（荒巻久美子／BEPPU PROJECT）

Enjoying architecture, art, and literature while soaking in a hot spring of unparalleled quality　The Nagayu Onsen is a carbonated hot spring, of which there are very few in Japan. The comfort of being covered by the bubbles of the carbonated hot spring is a sensation one cannot experience anywhere else. The building that houses Lamune Onsen was designed by the architect Terunobu Fujimori. The striped exterior walls are made of plaster and brunt cedar and topped with an expressive copper roof. The rounded nostalgia-inducing design of the interior provides new discoveries with every visit. Lamune Onsen also offers book browsing and gallery sections. (Kumiko Aramaki, BEPPU PROJECT)

047
沖縄
OKINAWA

A&W
沖縄県浦添市牧港1196
098-878-2362
http://www.awok.co.jp
A&W
1196 Makiminato, Urasoe-shi, Okinawa

ドライブの定番、「A&W」のルートビア　「A&W」が沖縄に登場したのは、1963年。もともとは、アメリカのルートビア・スタンドが始まりとのこと。私は高校生の時から、友達と出かけると、飲食はここと決めていたから、食べる店は「ドライブ＝エンダー」（沖縄でA&Wのこと）のイメージがある。オレンジと茶色のロゴや、ガソリンスタンドのような、古きよきアメリカの田舎にありそうな雰囲気は、沖縄の青い空にもよく似合う。キンキンに冷えたルートビアは、お代わり自由。ハンバーガーも、ポテトも、少し粗削りな感じで、アメリカ本土の味がする。A&WのオリジナルＴシャツは、鮮やかな色のラインナップで、子供サイズもある。（真喜志奈美／デザイナー）

A&W—the classic drive-thru root beer　A&W first opened in Okinawa in 1963 as an American root beer stand. Since high school, whenever I went driving with friends, I've gone to A&W for food and drinks. Its orange and brown logo and the gasoline station-like architecture is reminiscent of the good old days of rural America and matches the blue Okinawan sky perfectly. The ice-cold root beer is refilled free of charge. The hamburger and fries, which are a little rough around the edges, taste authentically American. (Nami Makishi, designer)

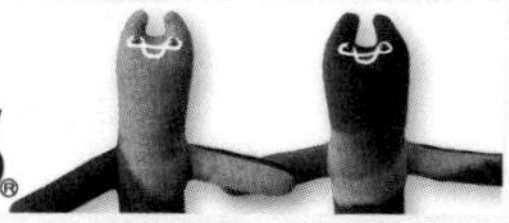

046
鹿児島
KAGOSHIMA

coffee innovate
鹿児島県鹿児島市荒田2-36-11
099-210-7237
https://www.instagram.com/coffee_innovate/
coffee innovate
2-36-11 Arata, Kagoshima-shi, Kagoshima

鹿児島のいい風景——コーヒーのある風景　鹿児島市役所の裏、築40年の一二三《ひふみ》ビルの1階に店を構える「coffee innovate」は、高い天井と歩道に面した大きな窓の“抜け感”が心地よいコーヒースタンド。カフェではなくコーヒースタンドという形式を選んだのは、コーヒーを気軽に日常に取り入れてもらいたいから、とオーナーの濱《はま》野賢三さん。木曜の午前6時頃から正午頃まではコーヒーまわりの道具一式を携えて、市場食堂のある漁連の傍らで出店しているから面白い。コーヒーはもちろん、そこに生まれるコーヒーを介した鹿児島の日常の雰囲気を楽しんでもらいたい。（中村麻佑／D&DEPARTMENT PROJECT 鹿児島店）

Great Kagoshima scenery with coffee　Coffee Innovate is located behind the Kagoshima municipal office on the first floor of the 40-year-old Hifumi Building. The comfortable coffee stand has a high ceiling and large windows that face the street. Its owner Kenzo Hamano says he chose to open a coffee stand rather than a café because he wants his customers to casually incorporate coffee into their everyday lives. Interestingly, on Thursdays from 6 a.m. to noon, Hamano takes all of his coffee brewing equipment and opens his stand among the fish market diners near the fishery association. (Mayu Nakamura, D&DEPARTMENT PROJECT KAGOSHIMA)

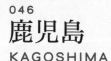

土田 真理子 Mariko Tsuchida
日本デザインコミッティー事務局長
良いデザインとともに25年。
苦労しています。

所 純子 Junko Tokoro
やながせ倉庫の住人
好きなヒト・モノ・コトに突進！
ぬいぐるみ雑貨を制作。

長嶋 りかこ Rikako Nagashima
アートディレクター、デザイナー
Rikako_nagashima@me.com

中村 麻佑 Mayu Nakamura
D&DEPARTMENT PROJECT KAGOSHIMA
by MARUYA セールスチーフ
鹿児島のロングライフデザインを
ご紹介しています。

中村 実穂 Miho Nakamura
有限会社 mother tool 代表
http://www.mothertool.com/

沼田 健一 Kenichi Numata
trattoria blackbird オーナーシェフ
4年目のブラックバードにご期待下さい！
www.blackbird-mito.com

野口 忠典 Tadanori Noguchi
D&DEPARTMENT PROJECT
商品編集部 外部MD
日本は広い！素敵な場所やモノが
まだまだあります！

野口 学 Manabu Noguchi
D&DEPARTMENT PROJECT OSAKA 店長
街との付き合い方を考える。
大阪からは見えてくる。

花井 裕一郎 Yuichiro Hanai
小布施町立図書館 まちとしょテラソ館長
コミュニティメディアとして
図書館を演出する。

藤田 茂治 Shigeharu Fujita
flat project
渦巻きを創れる人をつくる！

干田 正浩 Masahiro Hoshida
建築家　写真家
masahirohoshida.com

堀内 康広 Yasuhiro Horiuchi
トランクデザイン 代表
兵庫のロングライフデザインを
広めています。

真喜志 奈美 Nami Makishi
デザイナー
D&DEPARTMENT PROJECT OKINAWA by
OKINAWA STANDARD プロデューサー

松井 克文 Katsufumi Matsui
株式会社 電通
ストラテジック・プランナー
http://unitcrevasse.com

松井 知子 Tomoko Matsui
List: 店主
第2回「ナガサキリンネ」に向けて
動きだしました。

松添 みつこ Mitsuko Matsuzoe
D&DEPARTMENT PROJECT ディレクター
D&Dの活動を広く社会にお知らせする
広報業務担当。

松本 典子 Noriko Matsumoto
ライター
ときどき地上を走る
地下鉄「丸ノ内線」が好きです。

万野 潤二 Junji Manno
paperboy&co.／プログラマー
minneというwebサービスを
作っています。

三角 由美子 Yumiko Misumi
ライター＆エディター
熊本の魅力を発信し、
「誰かのきっかけ」のお手伝い。

三根 真吾 Shingo Mine
企画制作団体 chameleon 副代表
鎌倉を中心にライター、カメラマン、
イベント企画しています。
http://chameleon-kamakura.com/

村木 諭 Satoshi Muraki
amana.inc　Photo Producer
http://facebook.com/satoshi.muraki

望月 孝博 Takahiro Mochizuki
株式会社 デジタルデビジョン
グラフィックデザイナー
よき生活者になるべく、
小さな事からコツコツと。

森 千夏 Chinatsu Mori
D&DEPARTMENT PROJECT SHIZUOKA
by TAITA 店長
Dが見つける「東京」はどんな景色か？
楽しみです。

森蔭 真弓 Mayumi Morikage
MORIKAGE SHIRT/ebebe プランナー
モリカゲシャツの
「オモシロイコト係」担当です。

森下 ちはる Chiharu Morishita
ウェディングコーディネーター
ウェディングドレスのお店
「クチュールママン」を運営。

森山 勝心 Katsushi Moriyama
カンカク 代表／隠岐西ノ島町特別公使
この夏は、西ノ島（隠岐）へ。そして、隠岐
シーサイドホテル鶴丸へ！
http://kan-kaku.jp

安永 ケンタウロス Kentauros Yasunaga
SPOON inc. Photographer
http://facebook.com/kentauros1669

山田 英季 Hidesue Yamada
Den inc. 代表取締役社長 兼 料理人
様々なフィールドで、料理と関わらせて
いただいております。 http://www.da-2.jp/

吉田 光孝 Mitsutaka Yoshida
レンタルCD　ジャニス　店長
より良い音楽の出会いを。

ワタナベ シンヤB Shinya B Watanabe
テンプル大学アート学科准教授
独立して働く女性のためのコミュニ
ティ、スパイスラック設立。
http://www.spicerack.jp/

CONTRIBUTORS

相馬 夕輝 Yuki Aima
ディアンドデパートメント株式会社
代表取締役社長
出身地滋賀県にD&DEPARTMENTを
つくる計画中。

荒巻 久美子 Kumiko Aramaki
NPO法人 BEPPU PROJECT
大分県別府市を拠点とする
アートNPOで活動中。

石山 拓真 Takuma Ishiyama
ゼロダテ アートプロジェクト
プロジェクトリーダー
地域資源をリサーチし、
本質的な魅力を引き出したい。

伊藤 歩 Ayumi Ito
デザイナー
「むきあう」「ていねい」を目標に
デザインしています。

岩井澤 由美子 Yumiko Iwaizawa
有限会社 岩井沢工務所
盛岡の「街の工務店」で働いています。

植田 ゆかり Yukari Ueda
地域おこし協力隊
福島の魅力の発信や地域の
コミュニティー作りを行ってます。

宇治田 沙季 Saki Ujita
ハミングバード珈琲 スタッフ
和歌山市にある小さな喫茶店にて
おいしい珈琲を淹れる修行中。

江澤 香織 Caori Ezawa
ライター、プランナー
旅、工芸、発酵食、チョコレート
などをテーマに活動中。

岡田 充弘 Mitsuhiro Okada
海癒あるじ
豊かさとは？って問いかけながら
素になれる場所創りをしています。

押切 一哲 Kazunori Oshikiri
鈴木弘人設計事務所
せんだいらしいデザインを探しています。
https://www.facebook.com/kazunori.
oshikiri

恩田 栄佑 Eisuke Onda
新宿 どん底
どん底で待ってます。

角田 真希子 Makiko Kakuda
松屋銀座 デザインコレクション係
もうじき60周年の松屋銀座デザイン
コレクション。デザインサロントークも
必見です。

柏次 みゆき Miyuki Kashiwaji
かしわじ酒店 若女将
日本のおいしいお酒と食品、
雑貨の販売をしています。

川口 葉子 Yoko Kawaguchi
ライター／Web「東京カフェマニア」
著書に『コーヒーピープル』
『京都カフェ散歩』他。

喜早 洋介 Yosuke Kiso
美術系大学受験指導予備校
「やまがた芸術倶楽部」代表
秋の展覧会を目指して和紙の勉強会を
やってます！

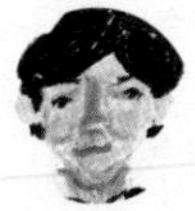

北川 健太 Kenta Kitagawa
旅館大村屋 代表取締役
旅館という舞台で色々なモノを
掛け合わせてる途中です。

北室 淳子 Junko Kitamuro
有限会社 北室白扇
四国徳島でおいしい
お素麺を作っています。

国広 美香 Mica Kunihiro
ディアンドデパートメント株式会社
商品編集部ディレクター
D&Dで扱うモノすべてに関わる
仕事をしています。

小林 乙哉 Otoya Kobayashi
東急電鉄
渋谷ヒカリエの「8/」を担当しています。

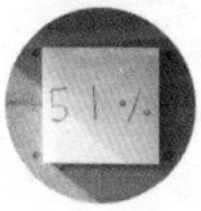

51% 五割一分 51% Gowariichibu
建築＋広告＋家具
http://www.facebook.com/5wari1bu

迫 一成 Kazunari Sako
ヒッコリースリートラベラーズ
只今、「水と土の芸術祭」で、
楽しいショップやってます！！

佐々木 信 Shin Sasaki
3KG 代表
D&DEPARTMENT SAPPOROは
もうすぐ5周年。はやい……。

佐々木 貴江 Takae Sasaki
青山ブックセンター本店
デザイン書担当
表参道の隅っこでデザインコーナーを
つくっています。

澁川 祐子 Yuko Shibukawa
ライター
NHKラジオ第一「すっぴん！」の
新書ナビに出演中。

陣内 秀信 Hidenobu Jinnai
法政大学デザイン工学部教授
イタリアと日本の歴史的都市の特徴を
比較すること、とりわけ水辺の空間の変遷、
再生への展望を描くことに関心があります。

須賀 克実 Katsumi Suga
校閲、昆虫・両生類採集
朝兼昼は玄米とぬか漬け、
夜は押麦飯と納豆、1日ワイン2本。

鈴木 美波 Minami Suzuki
SHIBUYA PUBLISHING & BOOKSELLERS
書店員
渋谷にいらしたらぜひ当店へ！
www.shibuyabooks.net

角 俊一 Shunichi Sumi
島根県庁 世界遺産室
歴史、神話に世界遺産。
旅は島根が旬ですよ♪

高嶋 希太郎 Kitaro Takashima
Hair Make
東京が僕の原点。I Love Tokyo

田中 陽子 Yoko Tanaka
山の上ホテル　企画室
駿河台の丘の上でお待ちしております。

d MARK REVIEW TRAVEL INFORMATION

1. The Japan Folk Crafts Museum
4-3-33 Komaba, Meguro-ku, Tokyo
03-3467-4527
Open daily 10:00–17:00 (Admission until 16:30), Closed on Monday (if Monday is a national holiday, open on Monday and closed on the following day), closed between exhibits
7 minutes by foot from the West exit, Komaba Todaimae Station, Keio Inokashira Line

2. Inariyu
6-27-14 Takinogawa, Kita-ku, Tokyo
03-3916-0523
Open daily 15:00–24:30, Closed on Wednesday
7 minutes by foot from the East exit, JR Itabashi Station, JR Saikyo Line

3. The National Museum of Modern Art, Tokyo
3-1 Kitanomaru-koen, Chiyoda-ku, Tokyo
050-5541-8600 (HELLO DIAL)
Open Tuesday to Thursday 10:00–17:00, Open Friday and Saturday 10:00–20:00, Closed on Monday (if Monday is a national holiday, open on Monday), closed between exhibits
3 minutes by foot from 1b exit, Takebashi Station, Tokyo Metro Tozai Line

4. d47 MUSEUM
8F Shibuya Hikarie, 2-21-1 Shibuya, Shibuya-ku, Tokyo
03-6427-2301
12:00–20:00 (Admission until 19:30), Open All year
3 mitutes by foot from B5 exit, Shibuya Station, JR Yamanote Line

5. Kanda Yabu Soba
2-10 Kandaawaji-cho, Chiyoda-ku, Tokyo
03-3251-0287
Open daily 11:30–20:00 (L.O. 20:00), Closed on Wednesday (if Wednesday is a national holiday, open on Wednesday and closed on the following day)
3 minutes by foot from A3 exit, Awajicho Station, Tokyo Metro Marunouchi Line

6. Shiseido Parlour
4–5F, Tokyo Ginza Shiseido Bldg., 8-8-3 Ginza, Chuo-ku, Tokyo
03-5537-6241
Open daily 11:30–21:30 (L.O. 20:30), Closed on Monday (if Monday is a national holiday, open on Monday)
6 minutes by foot from A2 exit, Ginza Station, Tokyo Metro Ginza Line

7. Tonki
1-1-2 Shimomeguro, Meguro-ku, Tokyo
03-3491-9928
Open daily 16:00–21:00 (L.O.), Closed on Tuesday and the third Monday
3 minutes by foot from the West exit, JR Meguro Station, JR Yamanote Line

8. Shinsuke
1–2F, YUSHIMA3315 Bldg., 3-31-5 Yushima, Bunkyo-ku, Tokyo
03-3832-0469
Open Monday to Friday 16:00–L.O. 20:30 (L.O. 20:00), Open Satuaday 17:00–L.O. 20:30, Closed on Sunday and holidays
2 minutes by foot from exit 3, Yushima Station, Tokyo Metro Chiyoda Line

10. Design Collection
7F Matsuya Ginza, 3-6-1 Ginza, Chuo-ku, Tokyo
03-3567-1211
Open daily 10:00–19:30, (Open until 7:30pm on Sundays and the last day of consecutive holidays)
Direct connection from A12 exit, Ginza Station, Tokyo Metro Ginza Line

11. SyuRo
1-16-5 Torigoe, Taito-ku, Tokyo
03-3861-0675
12:00-18:00, Closed occasionally
7 minutes by foot from A3 exit, Kuramae Station, Toei Subway Asakusa Line

12. Sukeroku
2-3-1 Asakusa, Taito-ku, Tokyo
03-3844-0577
Open daily 10:00–18:00, Closed occasionally
3 minutes by foot from exit 6, Asakusa Station, Tokyo Metro Asakusa Line

13. The Garden
5-11-16 Roppongi, Minato-ku, Tokyo
03-3470-4611
Open daily 7:00–22:00 (L.O. 21:30), Open all year
10 minutes by foot from exit 3, Roppongi Station, Tokyo Metro Hibiya Line

14. Bowery Kitchen
5-18-7 Komazawa, Setagaya-ku, Tokyo
03-3704-9880
Open daily Weekdays 11:00–24:00, Saturdays and Sundays, Holidays 10:00–24:00, Open all year
15 minutes by foot from Komazawa Koen exit, Komazawa Daigaku Station, Tokyu Den-en-toshi Line

15. Donzoko
3-10-2 Shinjuku, Shinjuku-ku, Tokyo
03-3354-7749
Open daily 17:00-24:00, Open Saturday and Sunday 11:30-24:00, Open all year
2 minutes by foot from B2 exit, Shinjuku-sanchome Station, Tokyo Metro Marunouchi Line

16. BEER&CAFE BERG
B1F LUMINE EST, 3-38-1 Shinjuku, Shinjuku-ku, Tokyo
03-3226-1288
Open daily 7:00-23:00
30 minutes by foot from the East exit, JR Shinjuku Station, JR Chuo Line

17. Nui. HOSTEL & BAR LOUNGE
2-14-13 Kuramae, Taito-ku, Tokyo
03-6240-9854
3 minutes by foot from A2 exit, Kuramae Station, Toei Subway Asakusa Line, and A7 exit, Kuramae Station, Toei Subway Oedo Line

18. Hilltop Hotel
1-1 Kandasurugadai, Chiyoda-ku, Tokyo
03-3293-2311
5 minutes by foot from Ochanomizubashi exit, JR Ochanomizu Station, JR Chuo Line

19. hanare
3-10-25 Yanaka, Taito-ku, Tokyo
03-5834-7301
5 minutes by foot from exit 2, Sendagi Station, Tokyo Metro Chiyoda Line

20. Park Hyatt Tokyo
3-7-1-2 Nishi-shinjuku, Shinjuku-ku, Tokyo
03-5322-1234
12 minutes by foot from the West exit, JR Shinjuku Station, JR Chuo Line

21. Setsuko Yamada

22. Uichi Yamamoto
4-6-8 Jingumae, Shibuya-ku, Tokyo (Lotus)
03-5772-6077
Open daily 11:00–23:00
10 minutes by foot from A2 exit, Omotesando Station, Tokyo Metro Chiyoda Line

23. Masaki Yokokawa
21F GYRE, 5-10-1 Jingu-mae, Shibuya-ku, Tokyo (CIBONE)
03-6712-5301
11:00–20:00, Closed occasionally
3 minutes by food from 4 exit, Meiji Jingu-mae Station, Tokyo Metro Chiyoda Line

24. Kunio Nakamura
B1F 1-10-3 Kamiogi, Suginami-ku, Tokyo (Rokujigen)
Open only during events, Closed irregularly
3 minutes by foot from the West Exit, JR Ogikubo Station, JR Chuo Line

編集後記

神藤秀人 Hideto Shindo

どんな街なのか、どうあるべき街なのか、そう改訂版の取材をしながら考え、地方を見てきたからこそ、この東京の今を俯瞰して見れました。街に新しい文化をつくる東京、街の昔からの気配を繋ぎ止める東京、二面性を持つ東京が今の東京らしさなのかもしれません。これからもっと変わっていく東京が、地元だからか、やっぱり好きです。

播磨屋智子 Tomoko Harimaya

私がイメージする東京は、「最先端のカルチャーがある街」。そこに行けば新しいものに触れられる場所。インターネットが発達した今、いつでもどこでも新しい情報は手に入るけれど、やっぱり東京にだって「その場所に行かないと手に入らない情報」がある。実は東京こそ、知ったかぶりができない街なのかもしれない。

佐々木晃子 Akiko Sasaki

銀座千疋屋では、お偉いさん総出で、開店前に果物包装に励む現場に出くわした。エプロンをつけた広報担当が打ち合わせに登場して、驚いたのは紀ノ国屋本社でのこと。生鮮食品を扱う売り場と往復してるからだという。有名店のかいがいしい日常を知った東京歴8年目の夏。知るともっと感動する東京が、これから待っている。

空閑理 Osamu Kuga

「柳工業デザイン研究会のこれから」「再開発はいらない?ー同潤会青山アパートからカナルカフェ、ベルクまで」「集まって住まうこと」……今回僕が企画しようとした特集記事のタイトルです。どれも本当に知りたかったし、書きたかったけど、悩みに悩んで時間が足りなくなりました。東京生活10周年、この街をもっと知りたい。

田中真唯子 Maiko Tanaka

東京に生まれて、東京で育ってもうじき30年。地元の号に携われたことに感謝です。細かいことには拘らず、意地っ張りで喧嘩早く、駄洒落ばかり言って、人情家で正義感に溢れる……。製作中、そんな江戸っこたちにたくさん出会えました。この1冊でお世話になった方々に心から御礼申し上げます。どうもありがとうございました!

発行人・編集長 / Founder & Editor-in-Chief
ナガオカケンメイ Kenmei Nagaoka (D&DEPARTMENT PROJECT)

副編集長 / Deputy Editor
空閑 理 Osamu Kuga (D&DEPARTMENT PROJECT)
神藤 秀人 Hideto Shindo (D&DEPARTMENT PROJECT)

編集 / Editors
佐々木 晃子 Akiko Sasaki (D&DEPARTMENT PROJECT)
田中 真唯子 Maiko Tanaka (D&DEPARTMENT PROJECT)
播磨屋 智子 Tomoko Harimaya (D&DEPARTMENT PROJECT)
松崎 紀子 Noriko Matsuzaki (design clips)

執筆 / Writers
川口 葉子 Yoko Kawaguchi
澁川 祐子 Yuko Shibukawa
深澤 直人 Naoto Fukasawa
松本 典子 Noriko Matsumoto
鈴木 徳子 Noriko Suzuki

デザイン / Layout Designers
遠藤 直人 Naoto Endou (D&DEPARTMENT PROJECT)
中山 寛 Hiroshi Nakayama (D&DEPARTMENT PROJECT)
加瀬 千寛 Chihiro Kase (D&DEPARTMENT PROJECT)
高橋 恵子 Keiko Takahashi (D&DEPARTMENT PROJECT)
村田 英恵 Hanae Murata (D&DEPARTMENT PROJECT)

制作サポート / Production Support
国広 美香 Mica Kunihiro (D&DEPARTMENT PROJECT)
野口 忠典 Tadanori Noguchi (D&DEPARTMENT PROJECT)
橋本 圭介 Keisuke Hashimoto (d47 SHOKUDO)
針谷 茜 Akane Hariya (D&DEPARTMENT PROJECT)
D&DEPARTMENT PROJECT OKINAWA by OKINAWA STANDARD
D&DEPARTMENT PROJECT OSAKA
D&DEPARTMENT PROJECT KAGOSHIMA by MARUYA
D&DEPARTMENT PROJECT SAPPORO by 3KG
D&DEPARTMENT PROJECT SHIZUOKA by TAITA

D&DEPARTMENT PROJECT TOKYO
Drawing and Manual

日本語校閲 / Copyediting
須賀 克実 Katsumi Suga
衛藤 武智 Takenori Eto

翻訳・校正 / Translation & Copyediting
窪田 隆之 Takayuki Kubota (Asia Art Archive)
グレイ俣野ゆき子 Yukiko Matano Gray (GT Partners/Spice Rack)
ネトルトン・タロウ Taro Nettleton
ワタナベシンヤB Shinya B Watanabe (Temple University Japan)
寺島 綾乃 Ayano Terashima (Ten Nine Communications, Inc.)
ジョン・バイントン John Byington
本多 尚諒 Naoaki Honda (Ten Nine Communications, Inc.)
戸田 ディラン ルアーズ Dylan Luers Toda
ンー・ソーキン Ng Soh King
賀来 素子 Motoko Kaku

撮影 / Photograph
安永 ケンタウロス Kentauros Yasunaga (Spoon Inc.)

広報 / Public Relations
甲野藤 祐子 Yuko Konoto (D&DEPARTMENT PROJECT)
松添 みつこ Mitsuko Matsuzoe (D&DEPARTMENT PROJECT)
清水 睦 Mutsumi Shimizu (D&DEPARTMENT PROJECT)

広告・販売営業 / Ad & Publication Sales
相馬 夕輝 Yuki Aima (D&DEPARTMENT PROJECT)
長谷川 宏一 Koichi Hasegawa (D&DEPARTMENT PROJECT)
田邊 直子 Naoko Tanabe (D&DEPARTMENT PROJECT)
芝生 かおり Kaori Shibo (D&DEPARTMENT PROJECT)
大道 剛 Go Oomichi (D&DEPARTMENT PROJECT)

表紙協力 / Cover Cooperation
コム デ ギャルソン COMME des GARÇONS

表紙にひとこと

コム デ ギャルソン『Six』magazine
Number 5 1990 表紙
毎号、新たに表紙を創作せず、その土地にあるクリエーションをそのままその都道府県の号の表紙としてきました。今回は、東京を拠点に、世界に衣服を軸にクリエーションを発信するブランド「コム デ ギャルソン」が、1988年から1991年まで発刊していたイメージマガジン『Six』(six senses＝第六感)の表紙を東京号の表紙としました。
東京は、“新しさ”を改革し続けている都市であり、メディア意識の強い土地。今回、共に表紙として検討した「日本民藝館」が発刊する『民藝』と同様、新しい考え方を新しいメディアで伝える“街の雑誌”として、「コム デ ギャルソン」の改革精神に“東京”を強く感じ、表紙に選びました。

One Note on the Cover

Comme des Garçons “Six” magazine
Number 5 1990 Cover
On the cover of each volume of d design travel, we've used a pre-existing image from the prefecture that the volume addresses. For the current volume on Tokyo, we reproduced the cover of Six (six senses), a magazine that the Tokyo-based brand Comme des Garçons issued between 1988 and 1991. Tokyo is a very media conscious city, which continually updates its sense of “the new.” As with Japan Folk Crafts Museum's Mingei, which we also considered using for the cover, we selected Six because we felt it was a true “city magazine” that disseminated new ideas through a new medium and that Comme des Garçon's innovative spirit is representative of Tokyo.

改訂版　d design travel TOKYO
2012年9月1日　第1版 / First printing : September 1, 2012
2012年12月1日　第1版 第2刷 / Second printing : December 1, 2012
2017年6月15日　改訂版 第1刷 / Revised Edition First printing : June 15, 2017
2017年8月31日　改訂版 第2刷 / Revised Edition Second printing: August 31, 2017
2023年12月30日　改訂2版 第1刷 / Revised Second edition First Printing : December 30, 2023

発行元 / Distributor
D&DEPARTMENT PROJECT
158-0083 東京都世田谷区奥沢8-3-2
Okusawa 8-chome 3-2, Setagaya, Tokyo 158-0083
03-5752-0097
http://www.d-department.com/

印刷 / Printing
株式会社サンエムカラー SunM Color Co., Ltd.

ISBN978-4-903097-84-8

Printed in Japan

掲載情報は、2023年8月のものとなります。

一部、2017年3月時点のものがあります。

定休日・営業時間・詳細・価格など、変更となる場合があります。

ご利用の際は、事前にご確認ください。

掲載の価格は、特に記載のない限り、すべて税込みです。

定休日は、年末年始・GW・お盆休みなどを省略している場合があります。

The information provided herein is accurate as of August 2023. Some information was updated in March 2017.Readers are advised to check in advance for any changes in closing days, business hours, prices, and other details. All prices shown, unless otherwise stated, include tax.

Closing days listed do not include national holidays such as new year's, obon, and the Golden Week.

全国の、お薦めのデザイントラベル情報、本誌の広告や、「47都道府県応援バナー広告」(P. 164～187のページ下に掲載)についてのお問い合わせは、下記、編集部まで、お願いします。

宛て先
〒158-0083 東京都世田谷区奥沢8-3-2
D&DEPARTMENT PROJECT
「d design travel」編集部宛て
d-travel@d-department.jp

携帯電話からも、D&DEPARTMENTのウェブサイトを、ご覧いただけます。
http://www.d-department.com